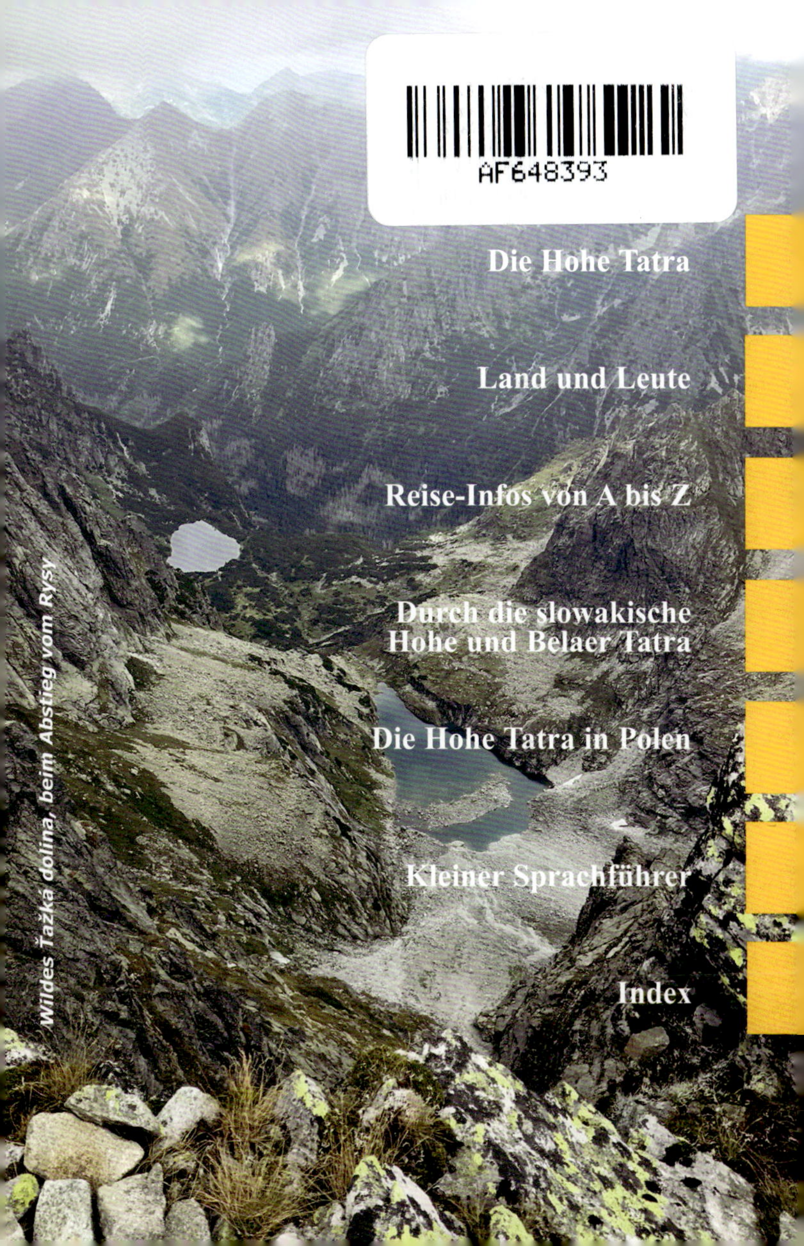

Wildes Ťažká dolina, beim Abstieg vom Rysy

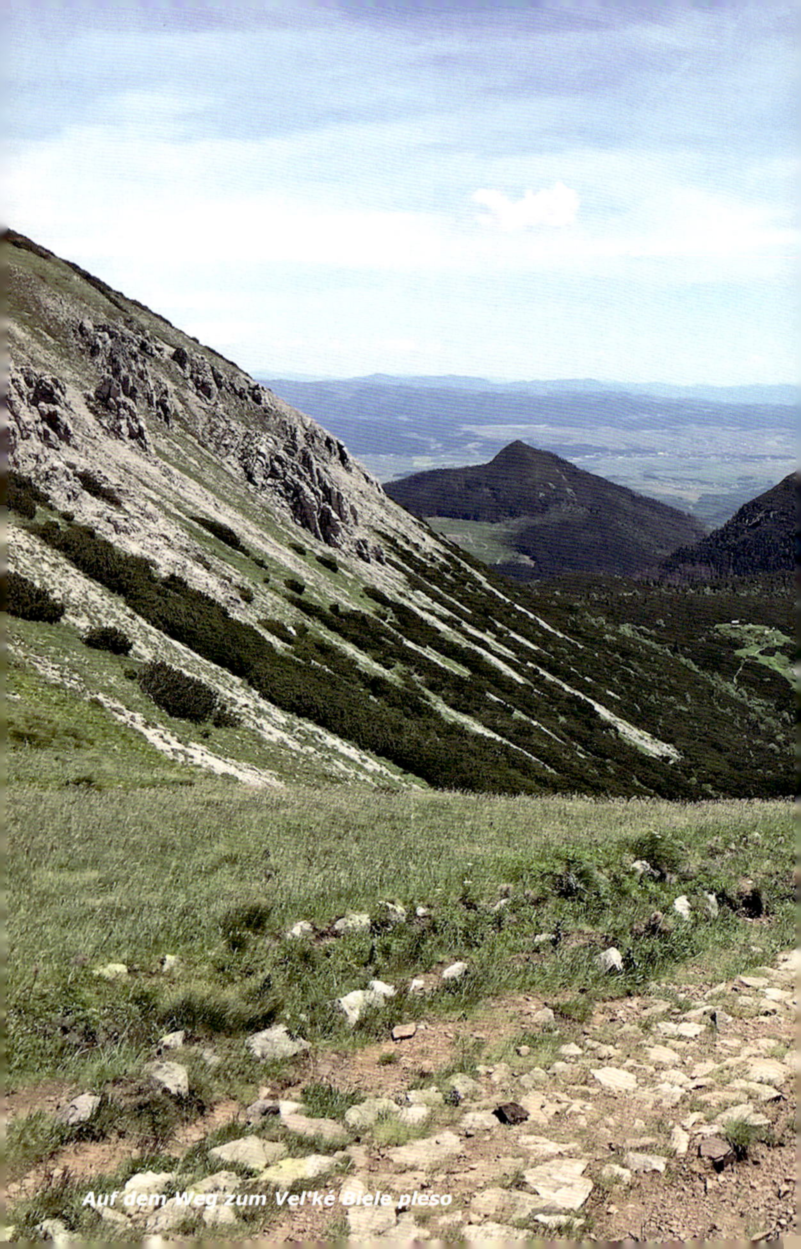

Auf dem Weg zum Vel'ké Biele pleso

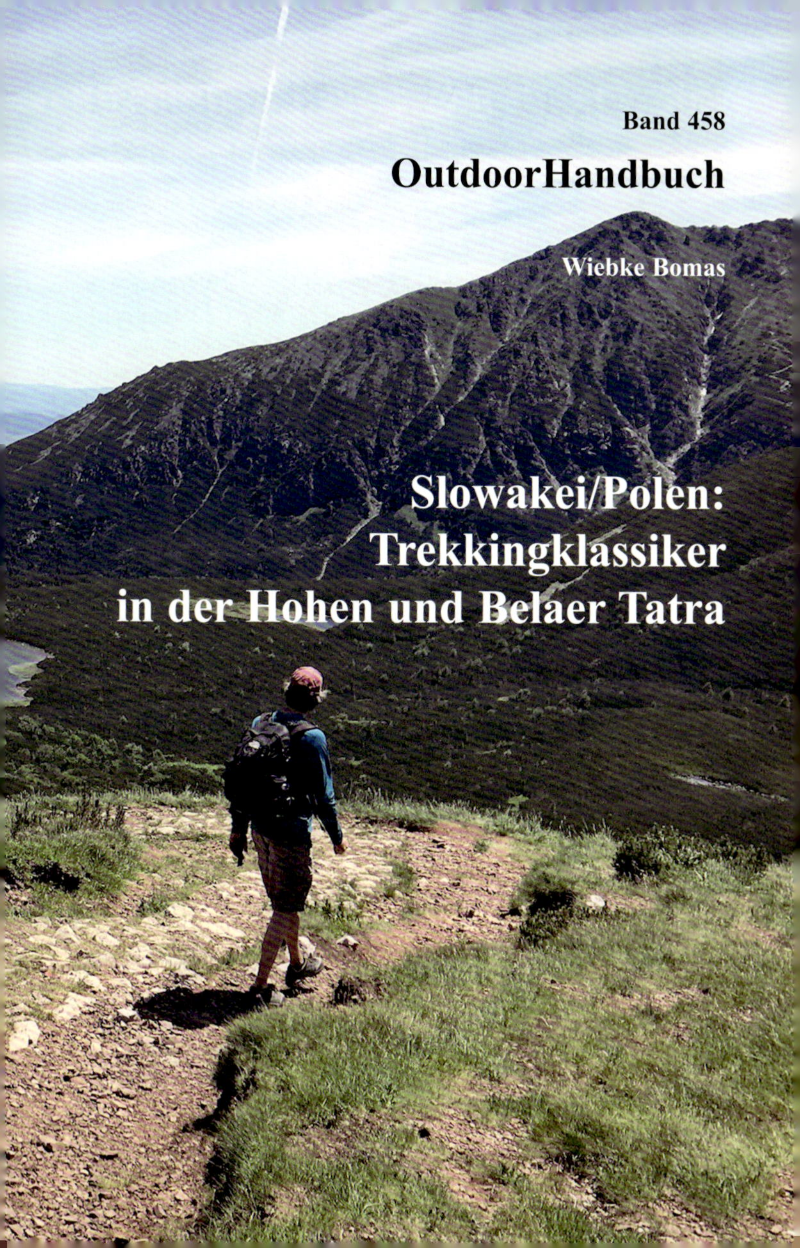

Band 458

OutdoorHandbuch

Wiebke Bomas

Slowakei/Polen: Trekkingklassiker in der Hohen und Belaer Tatra

Slowakei/Polen: Trekkingklassiker

Die Autorin und der Verlag sind für Lesertipps und Verbesserungen (besonders per E-Mail) unter Angabe der Auflagen- und Seitennummer dankbar.

Dieses OutdoorHandbuch hat 160 Seiten mit 53 farbigen Abbildungen sowie 26 farbigen Kartenskizzen im Maßstab 1:75.000, 23 farbigen Höhenprofilen und einer farbigen, ausklappbaren Übersichtskarte. Es wurde auf chlorfrei gebleichtem, FSC®-zertifiziertem Papier gedruckt, in Deutschland klimaneutral hergestellt und transportiert und wegen der größeren Strapazierfähigkeit mit PUR-Kleber gebunden.

FSC
www.fsc.org
MIX
Papier aus verantwortungsvollen Quellen
FSC® C009051

Klimaneutral
Druckprodukt
ClimatePartner.com/10951-2012-1001

Dieses Buch ist im Buchhandel und in Outdoor-Läden erhältlich und kann im Internet oder direkt beim Verlag bestellt werden.

OutdoorHandbuch aus der Reihe „Der Weg ist das Ziel", Band 458

ISBN 978-3-86686-646-1 1. Auflage 2021

Text und Fotos: Wiebke Bomas
Karten: Heide Schwinn
Lektorat: Amrei Risse
Layout: Alexandra Sauerland

Gesamtherstellung: gutenberg beuys feindruckerei

Dieses OutdoorHandbuch wurde konzipiert und redaktionell erstellt vom:

Conrad Stein Verlag GmbH, Kiefernstr. 6, 59514 Welver,
☏ 023 84/96 39 12,
info@conrad-stein-verlag.de,
www.conrad-stein-verlag.de

Besuchen Sie uns bei Facebook & Instagram:

www.facebook.com/outdoorverlag

www.instagram.com/outdoorverlag

Titelfoto: Blick aufs Vel'ká Studená dolina vom Východná Vysoká

Inhalt

Vorwort

„Hohe Tatra? Wo war das noch gleich?" So oder ähnlich klingen die Reaktionen oft, wenn Wanderer aus westdeutschen Breiten in die Hohe Tatra aufbrechen. Wer schon mal dort war, hat oft ostdeutsche Wurzeln: Für die DDR-Bürger war es das am leichtesten erreichbare Hochgebirge. Heute suchen es in ganz Deutschland immer noch wenige gezielt aus den vielen europäischen Wanderzielen aus.

Mit einigen habe ich gesprochen. Sie hatten ihr Tatravorhaben wegen Dauerregens abgebrochen oder erzählten, dass es dort ziemlich kalt sei. Zu lesen ist vor allem, dass die Tatra als Hochgebirge sehr klein ist, aber trotzdem alpine Höhen erreicht. Alles zusammen klang schroff, wild, abenteuerlich und nach einer Berglandschaft, wie ich sie noch nie gesehen hatte.

Was ich vorfand, war eine tatsächlich abenteuerliche Bergwelt. Nicht nur Sonne, Regen, Nebel und Gewitter können sich jederzeit abwechseln und – ja – mit viel Pech auch Dauerregen Platz machen. Hinter gefühlt jeder zweiten Wegkehre tut sich zudem eine neue kleine Welt auf: Mal geht es durch romantische Waldtäler und über Bergwiesen mit rauschenden Bächen, dann wenige Höhenmeter weiter über schroffe Pässe, an türkisblauen Bergseen – oder Meeraugen, wie die Einheimischen sie liebevoll nennen – und Schneefeldern vorbei. Und die Kehren sind zahlreich, denn für lange gerade Wege ist einfach kein Platz – für die insgesamt mehr als acht Millionen meist einheimischer Menschen, die den slowakischen oder polnischen Tatra-Nationalpark jährlich besuchen, dank eines dichten Hütten- und Wegenetzes aber sehr wohl.

Wer sich Wildnis im Sinne von Abgeschiedenheit und Stille wünscht, muss da manchmal suchen. Und findet sie: auf den Berghütten, wenn spätnachmittags die meisten Wanderer ins Tal zurückkehren. Wenn die Tourenplanung auch zu den vielen Pässen, Gipfeln, Bergseen und Tälern abseits der prominentesten oder einfach erreichbaren Ziele führt. Oder wenn Moral und Ausrüstung es erlauben, auch bei Regen aufzubrechen.

Dieses Buch richtet sich an normal bis gut trainierte Bergwanderer, die die Hohe und Belaer Tatra auf diese Weise kennenlernen möchten. Vorschläge für Hüttentouren zu den Klassikern, aber auch auf entlegeneren Pfaden laden Neulinge ein, sich einen Überblick zu verschaffen. Tatrakennern zeigen sie möglicherweise manches noch unentdeckte Ziel. Und vielleicht hilft dieses Buch auch zu verstehen, weshalb es so viele Slowaken, Polen und Tschechen Jahr für Jahr immer wieder hierher zieht – in ein Gebirge, das sich hinter jeder Biegung und in jedem Licht immer wieder neu zu erfinden scheint.

Diese Vielfalt konnte ich auch dank geduldiger Begleitung auf meinen Wegen, Informationen und Tipps, einem Plätzchen für überflüssiges Gepäck, ausdauerndem Gegenlesen des Manuskripts und weiterer Unterstüzung entdecken und dokumentieren. Für all das danke ich Allan, Jens, Anja, Karin, Eli, Fero, Ada, dem Team der Touristinfo Starý Smokovec und den vielen weiteren Personen, die auf vielfältige Weise zu diesem Buch beigetragen haben.

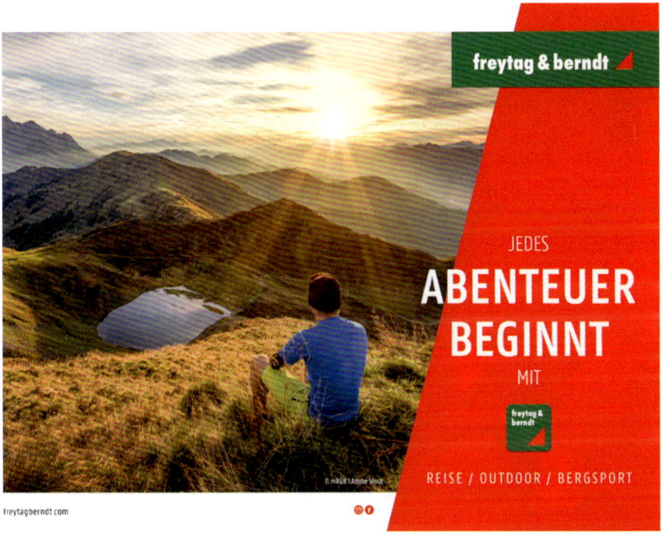

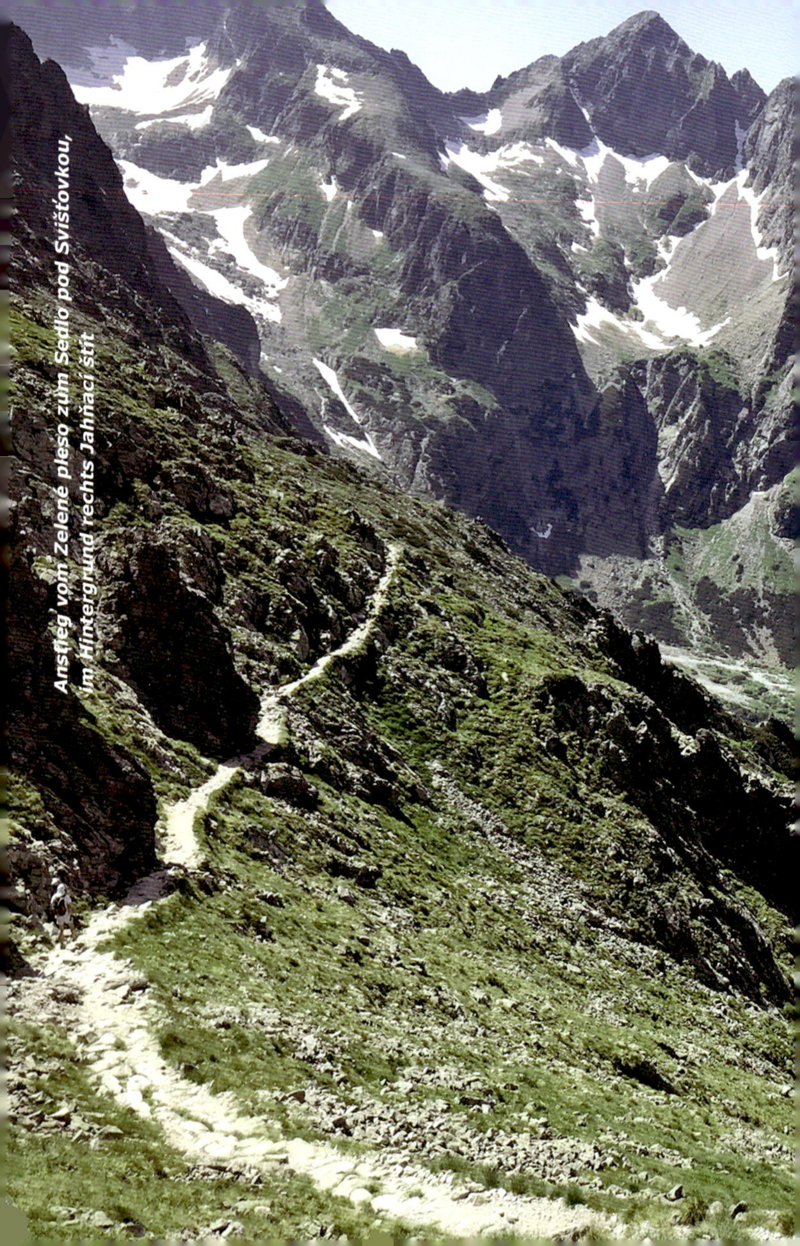

Anstieg vom Zelené pleso zum Sedlo pod Svišťovkou, im Hintergrund rechts Jahňací štít

Die Hohe Tatra

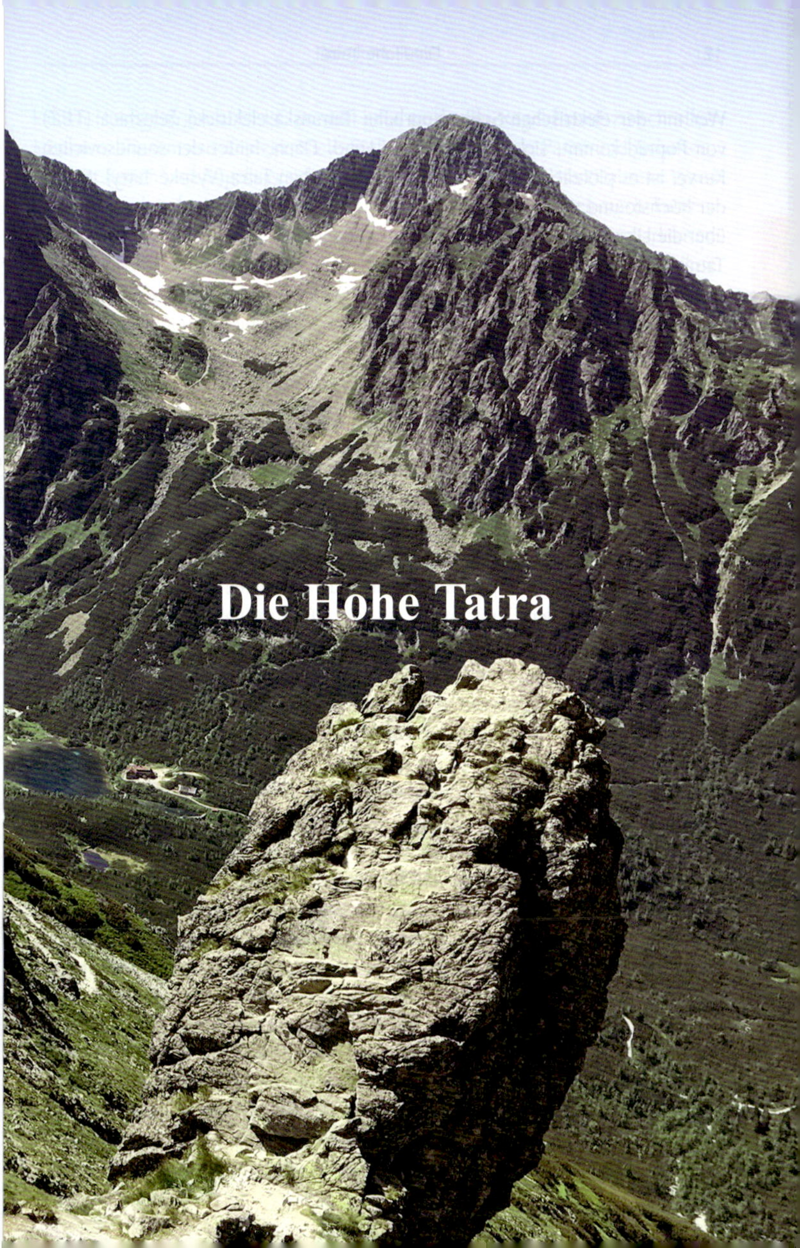

Land und Leute

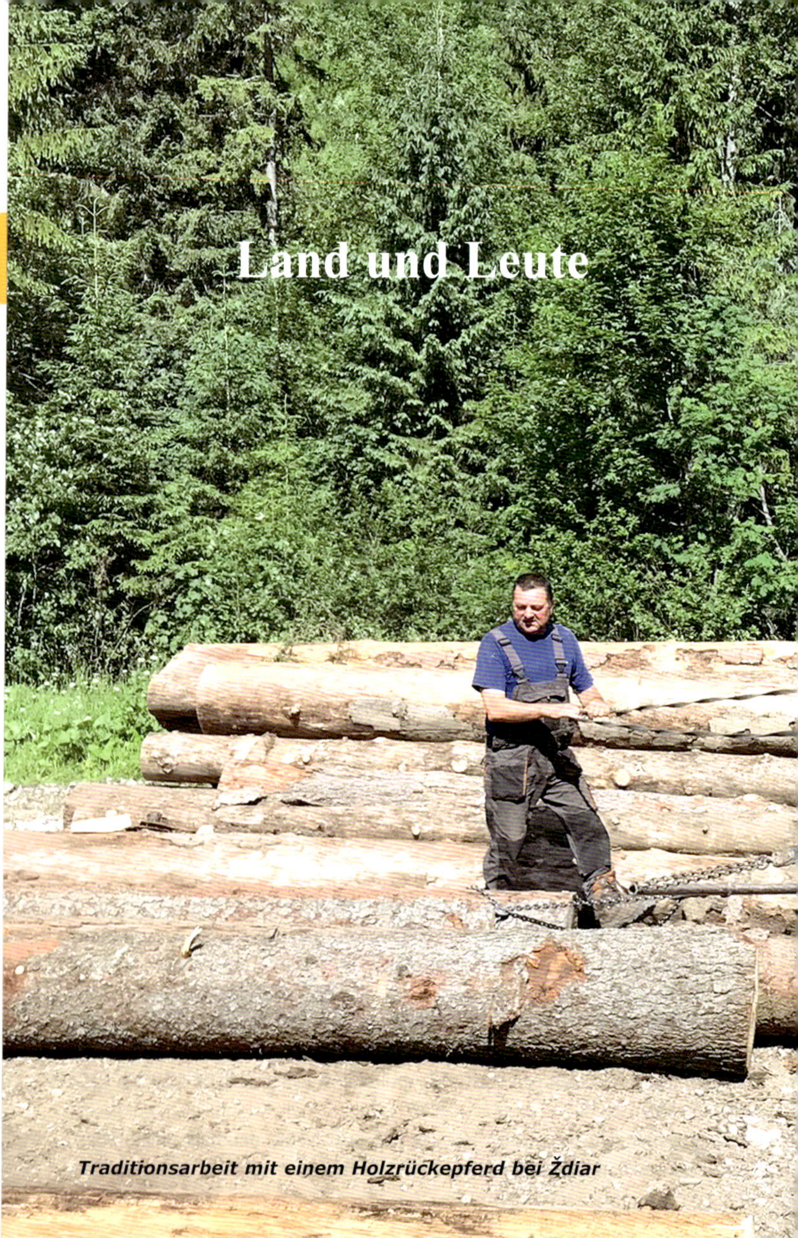

Traditionsarbeit mit einem Holzrückepferd bei Ždiar

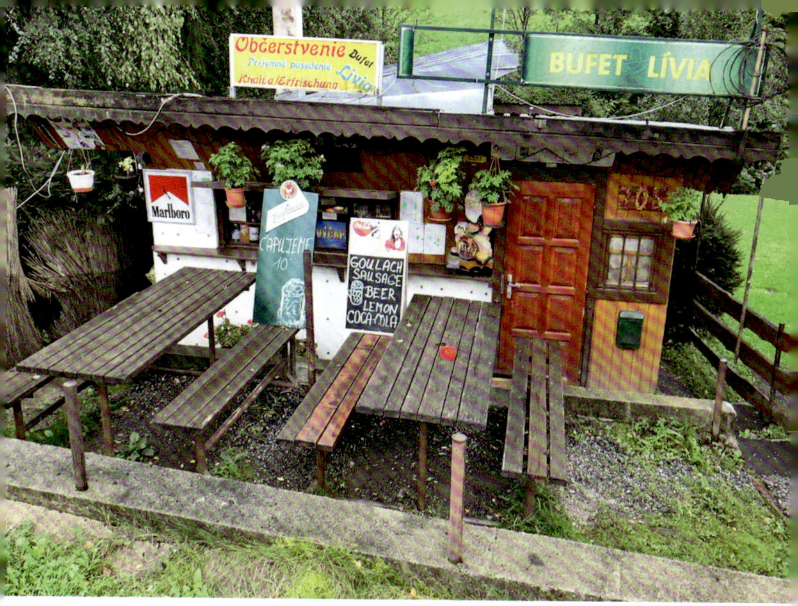

Auch wer kein Slowakisch beherrscht, kommt meist zurecht

In den meisten Städten und vielen Dörfern lebten bis Ende des Zweiten Weltkriegs viele Deutsche. Wie bereits beschrieben war die heutige Slowakei mehr als vier Jahrhunderte Teil von Ungarn und damit des Habsburgerreichs Österreich-Ungarn. Die meisten Ortschaften, aber auch Gipfel, Seen und Täler hatten daher auch einen deutschen Namen – etwa Poprad (Deutschendorf), Starý Smokovec (Altschmecks) oder Gerlachovský štít (Gerlachspitze). Vor allem in der Region Zips am Fuß der Hohen Tatra sprechen viele Ältere heute noch Deutsch, manche der Jüngeren lernen die Sprache an der Schule – oder leben gleich ganz in Deutschland.

Reisende kommen allerdings bei Letzteren in aller Regel mit Englisch am besten weiter. Auch viele der älteren Generationen sprechen inzwischen Englisch, zumindest in größeren Städten. In kleineren Orten empfiehlt es sich, wenigstens die wichtigsten slowakischen Vokabeln zu beherrschen (☞ „Kleiner Sprachführer“ ab S. 152).

Reise-Infos von A bis Z

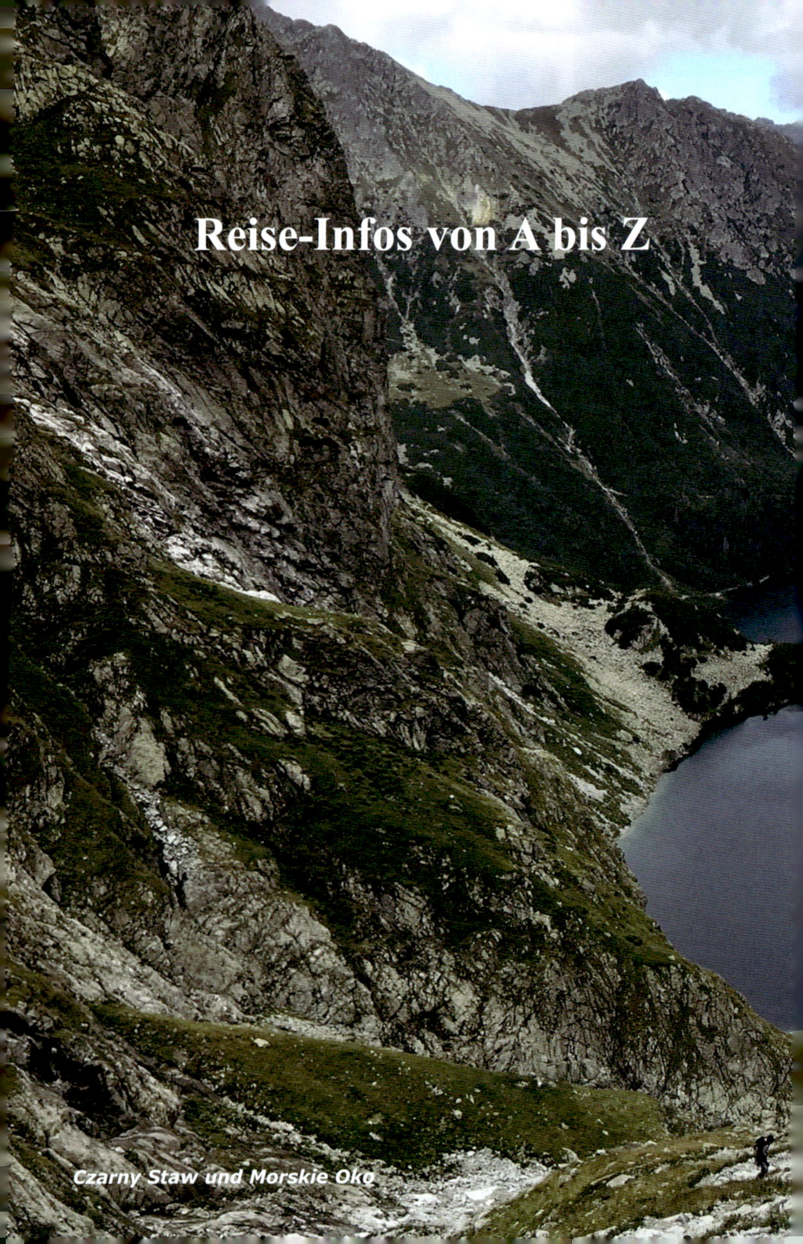

Czarny Staw und Morskie Oko

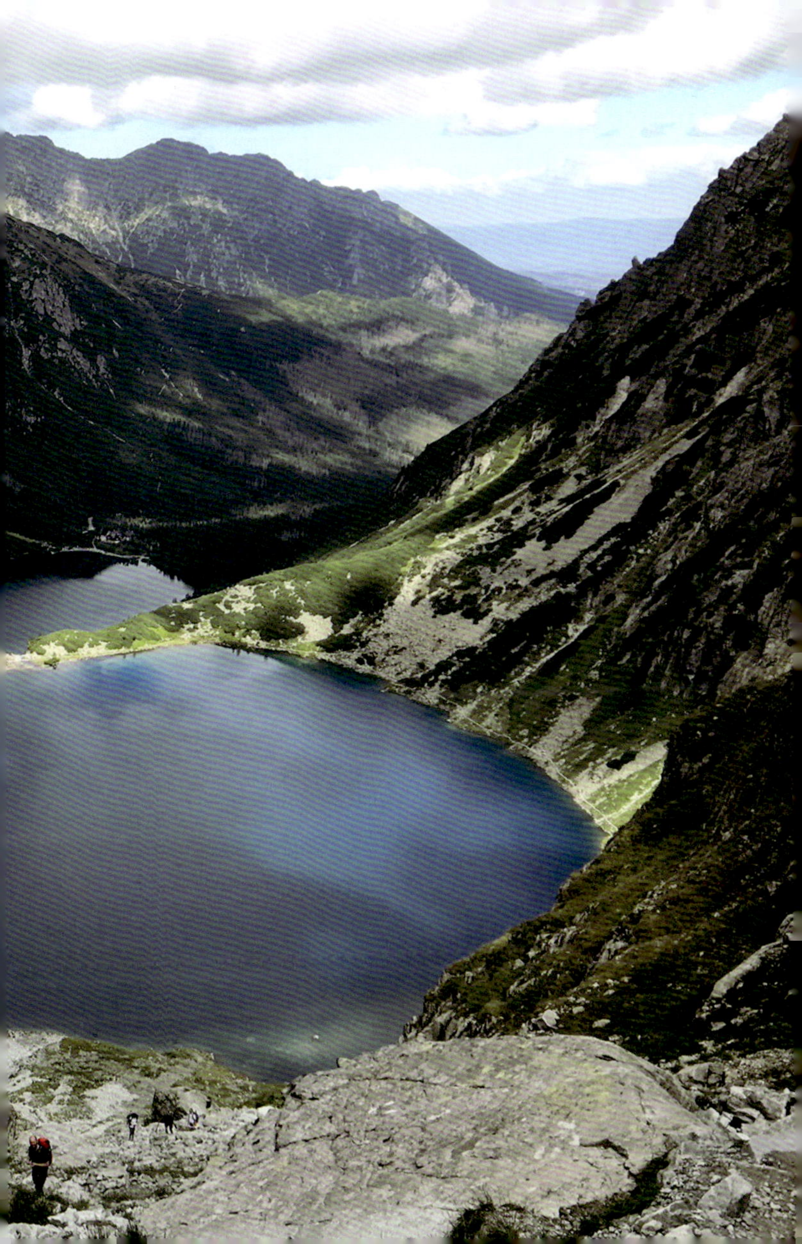

Anreise

Mit Bus und Bahn in die polnische oder slowakische Hohe Tatra

Da es in der Slowakei ein gut ausgebautes Schienen- und Busnetz gibt, ist die Anreise gut mit öffentlichen Verkehrsmitteln machbar. Je nach Startpunkt geht es über Wien oder Prag. Von Mannheim, Frankfurt, Würzburg und Nürnberg beispielsweise führen die Verbindungen meist über Wien und Bratislava nach Poprad, gut 13 Std. Fahrtzeit ab Frankfurt, ab ca. € 50 (Sparpreis bei frühzeitiger Buchung) oder ca. € 200 (regulärer Preis). Von Berlin fahren zudem mehrmals täglich Direktzüge über Dresden nach Prag (ab Dresden 2 Std. 30 Min., ca. € 14 Sparpreis und € 37 regulärer Preis). Ab Prag sind es gut 7 Std. mit dem Zug der tschechischen České dráhy nach Poprad (rund € 15).

Ab Berlin, Hamburg, Düsseldorf und München geht es zudem täglich mit dem **Nightjet** der Österreichischen Bundesbahnen über viele weitere deutsche Städte nach Wien (ab € 60 von Düsseldorf, Schlafwagen reservierbar, Autotransportwagen). Von dort sind es mit den ÖBB und dem slowakischen Betreiber ZSSK über Bratislava ca. 6 Std. Fahrtzeit bis Poprad (ab ca. € 30).

www.bahn.de, www.cd.cz/de, www.nightjet.com, www.oebb.at, www.zssk.sk

Mehrmals pro Woche gibt es ab Berlin auch Übernachtverbindungen mit dem Fernbusanbieter **FlixBus**, ca. 11 Std. Fahrtzeit mit Umstieg in Breslau nach Zakopane, Tickets kosten um € 30. **Regiojet**, eine Tochter der tschechischen Student Agency-Agentur, bietet Direktbusverbindungen von Berlin nach Prag an (4 Std. 30 Min., ca. € 15). Von dort geht es wie oben beschrieben mit der České dráhy nach Poprad. Weitere Direktbusverbindungen nach Prag gibt es bei Regiojet z. B. von Düsseldorf, Bonn, Frankfurt, Mannheim und Nürnberg für bis zu ca. € 20.

www.flixbus.de, www.regiojet.de

Mit dem Flugzeug ...

... nach Polen:

Direktflüge nach Krakau sind aus Deutschland mit Ryanair ab Dortmund, Frankfurt und Nürnberg möglich, Eurowings fliegt ab Düsseldorf und Stuttgart.

www.ryanair.com, www.eurowings.com

Von Krakau erreichen Sie den Startpunkt für Touren in der polnischen Hohen Tatra, Zakopane, gut mit dem Bus. Mit dem FlixBus beispielsweise dauert die gut

100 km lange Fahrt ca. 2 Std., dasselbe gilt für Verbindungen der Firma Majerbus.

💻 www.flixbus.de, www.majerbus.pl/en/

… in die Slowakei:

Austrian Airlines fliegt regelmäßig über Wien nach Košice, z. B. von Berlin, Hamburg, Düsseldorf und München. Von Košice geht es mit dem Zug in gut 1 Std. nach Poprad (ca. € 5) und von dort mit der elektrischen Tatrabahn (TEŽ) zu vielen Tourenstartpunkten in der slowakischen Tatra. Alternativ fliegt z. B. Ryanair von Köln und Dortmund, Eurowings zudem von Hamburg und Düsseldorf nach Wien. Von dort geht es mit dem Zug ca. 6 Std. 30 Min. weiter über Bratislava nach Poprad (☞ „Mit Bus und Bahn in die polnische oder slowakische Hohe Tatra“ in diesem Kapitel).

💻 www.austrian.com, www.zssk.sk

🚗 Mit dem Auto in die polnische oder slowakische Hohe Tatra

Je nach Startpunkt mag die Anreise mit dem Auto eine Alternative sein. Von Ost-, Nord- und Mitteldeutschland empfiehlt sich die Fahrt über Polen auf der A4 Berlin – Cottbus – Opole – Katowice – Krakau und dann nach Zakopane (Berlin – Zakopane: gut 8 Std.).

Aus West- und Süddeutschland und der Schweiz erreichen Sie die Tatra am besten über Wien – Bratislava auf der E58, ab Zvolen weiter auf der E77, ab Banská Bystrica auf der 66 und 72 zur E50 Richtung Poprad und weiter nach Norden in die Tatraorte (Wien – Poprad: ca. 4 Std. 30 Min.).

✋ Autobahnen und Schnellstraßen sind in der Slowakei vignettenpflichtig, mautfreie Abschnitte sind mit „Bez úhrady“ ausgewiesen. Sie bekommen die Vignetten an den Grenzübergängen, vielen Tankstellen, in Postämtern und online unter 💻 www.eznamka.sk/de. Pkw bis 3,5 t Leergewicht zahlen für zehn Tage € 10, für einen Monat € 14 und für ein Jahr € 50.

💻 www.adac.de

Ausrüstung

Da es ein gut ausgebautes Hüttennetz und ausreichend Einkehrmöglichkeiten gibt, brauchen Sie neben dem Nötigsten an Kleidung und Waschzeug, einem leichten Handtuch, Badelatschen, Ausweisen, Geld, Wanderführer und eventuell einer Wanderkarte **kein schweres Gepäck** wie Zelt (☞ „Unterkünfte" auf S. 38), Gaskocher o. Ä. mitnehmen. Auch einen Schlafsack brauchen Sie nicht unbedingt, denn in jeder Hütte ist Bettzeug zumindest zum Ausleihen vorhanden. Ein leichter Hüttenschlafsack ist aber ratsam, da es nicht überall frische Bettwäsche gibt.

Aufgrund der schnellen Wetterumschwünge in der Tatra sollten Sie prinzipiell auf nahezu jede Wetterlage vorbereitet sein. Auch im Hochsommer gehören deshalb ausreichend **Schutz gegen Kälte, Wind und Nässe** neben dem Sonnenschutz ins Gepäck, z. B. eine warme lange Unterhose, ein warmes Langarmshirt zum Drunterziehen, ein wärmender, leichter Pullover oder eine leichte Daunenjacke, wasser- und windabweisende Jacke und Hose, auch Handschuhe, Mütze und Wollsocken.

Da in schattigen Hochtälern mitunter noch bis Mitte Juli Altschneefelder liegen können, sind Trekkingschuhe mit **gutem Profil** unbedingt empfehlenswert. Wanderstiefel der Kategorie B sind ausreichend, wer ganz sicher gehen will und im Juni/Anfang Juli aufbricht, kann auch Grödel (Halbsteigeisen) einpacken, für die man keine steigeisenfesten Schuhe braucht.

Viele Einheimische sind auch in leichteren Trekkinghalbschuhen oder Trailrunningschuhen unterwegs. Teils ist es eine Frage des Geschmacks, wie viel Schuh Sie am Fuß tragen möchten, teils aber auch eine der Sicherheit. Wenn Sie 10 kg oder mehr auf dem Rücken tragen, gibt ein Stiefel eventuell mehr Halt und Schutz gegen Umknicken auf den fast immer steinigen Wegen der Hohen Tatra. Falls Sie unentschieden sind, probieren Sie am besten vorab mit beladenem Rucksack auf unebenem Gelände, in welchem Schuh Sie sich am wohlsten fühlen.

Trekkingstöcke können bei längeren Abstiegen über große Gesteinsbrocken eine gute Entlastung für die Knie sein und auf steilen Schneefeldern etwas Sicherheit geben. Unbedingt ins Gepäck sollten auch leichte, gut befüllbare **Trinkflaschen** für ca. 2 Liter. Das Leitungswasser ist nicht auf jeder Hütte einwandfrei, sodass es ratsam ist, sich schon im Tal Wasser abzufüllen. Fragen Sie auf jeden Fall die Hüttenwirte, ob das Wasser trinkbar ist, bevor Sie es abfüllen. Dasselbe gilt auch für Quellen, die an den Wegen mit einem kleinen Häuschen überdacht sind.

Sinnvoll ist es auch, für alle Fälle ein **Erste-Hilfe-Set** sowie **Tape** (einfaches Leukoplast oder Sporttape) zum Vorbeugen von Blasen an den Füßen dabeizuhaben.

Bergführer

Abseits der markierten Wanderwege und auf den Wegen, die zwischen dem 1. November und 15. Juni gesperrt sind, dürfen Sie nach den Regeln des Nationalparks aus Naturschutzgründen und zur eigenen Sicherheit nur in Begleitung eines lizenzierten Bergführers oder mit Kletterschein unterwegs sein. Besitzen Sie einen solchen, müssen Sie Ihre Tour vorher im Büro des Bergrettungsdienstes in Starý Smokovec anmelden: ☏ +421/527 87 77 11, riaditelstvo@hzs.sk, www.hzs.sk.

Die meisten Bergführer in der Hohen Tatra sind selbstständig, oft aber über den Bergführerverein Spolok horských vodcov Vysoké Tatry in der Slowakei oder die Bergführeragentur Biuro Przewodników Wysokogórskich in Polen organisiert.

Klassische geführte Bergsteigertouren in der Slowakei haben u. a. den Gerlachovský, Ľadový oder Lomnický štít zum Ziel, alle höher als 2.600 m. Auf den Gerlach zum Beispiel geht es über den slowakischen Bergführerverein ab ca. € 290 für eine Person bzw. € 350 für eine Gruppe von drei Personen, über den polnischen Verein für Zł 750 (eine Person) oder Zł 1.500 (Gruppe von drei Personen).

www.tatraguide.sk, www.tatraguide.info

Diplomatische Vertretungen

… in Deutschland, Österreich und der Schweiz:

- Slowakische Botschaft in Deutschland, Hildebrandstr. 25, 10785 Berlin, ☏ 030/88 92 62 00, www.mzv.sk/berlin
- Slowakische Botschaft in Österreich, Armbrustergasse 24, 1190 Wien, ☏ +43/131 89 05 52 00, www.mzv.sk/vieden
- Slowakische Botschaft in der Schweiz, Thunstr. 63, 3074 Muri bei Bern, ☏ +41/313 56 39 30, www.mzv.sk/bern
- Polnische Botschaft in Deutschland, Lassenstr. 19-21, 14193 Berlin, ☏ 030/22 31 30, www.gov.pl/web/deutschland/botschaft
- Polnische Botschaft in Österreich, Hietzinger Hauptstr. 42c, 1130 Wien, ☏ +43/187 01 51 00, www.gov.pl/web/oesterreich/botschaft
- Polnische Botschaft in der Schweiz, Elfenstr. 20a, 3006 Bern, ☏ +41/313 58 02 02, www.gov.pl/web/schweiz/botschaft

… in der Slowakei:

- Deutsche Botschaft Bratislava, Hviezdoslavovo nám. 10, 81303 Bratislava, ☏ +421/259 20 44 00 und +421/903 44 46 33 (24 Std., nur Notfälle!), 💻 www.pressburg.diplo.de
- Österreichische Botschaft Bratislava, Hodžovo nám. 1/A, 81106 Bratislava, ☏ +421/259 30 15 00, 💻 www.bmeia.gv.at/botschaft/pressburg
- Schweizer Botschaft Bratislava, Michalska 12, 81101 Bratislava, ☏ +421/259 30 11 11, 💻 www.eda.admin.ch/bratislava

… in Polen:

- Deutsches Generalkonsulat Krakau, Stolarska 7, 31-043 Krakau, ☏ +48/124 24 30 00, 💻 www.polen.diplo.de
- Österreichische Botschaft Warschau, Gagarina 34, 00-749 Warschau, ☏ +48/228 41 00 81, 💻 www.aussenministerium.at/warschau
- Schweizerische Botschaft Warschau, Aleje Ujazdowskie 27, 00-540 Warschau, ☏ +48/226 28 04 81, 💻 www.eda.admin.ch/warsaw

Einkaufsbummel in der Fußgängerzone von Zakopane

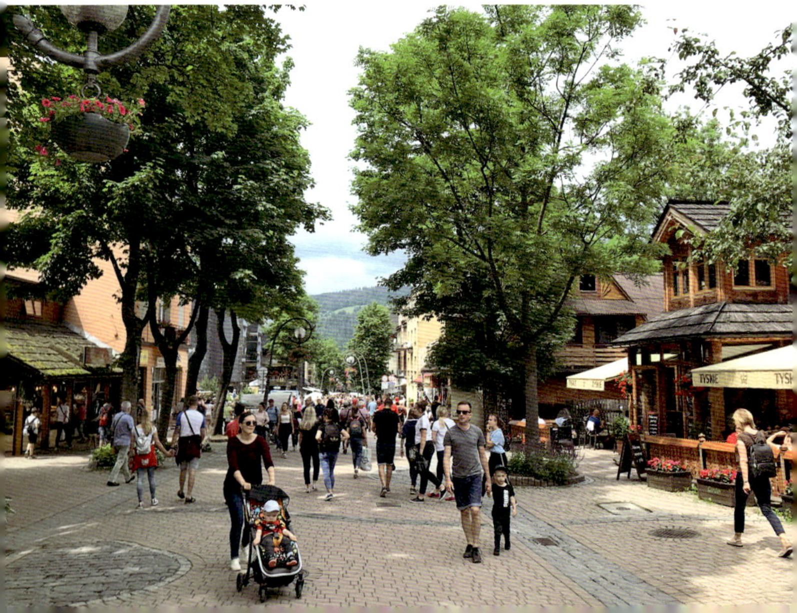

Einkaufen

Auch bis in die kleineren Tatraorte finden Sie Einkaufsmöglichkeiten für den täglichen Bedarf. Im *potraviny* können Sie in der Slowakei Lebensmittel einkaufen, in Polen im *supermarket* oder *sklep spońywczy*.

Geöffnet sind die Märkte in beiden Ländern meist ab 7:00. In den Dörfern schließen sie **werktags** oft schon um 17:00 (manchmal auch früher) sowie um die Mittagszeit. In größeren, touristischen Gemeinden in der Slowakei ist erst zwischen 20:00 und 21:00 Ladenschluss. Größere Supermärkte wie Lidl und Tesco, die Sie z. B. in Zakopane finden, haben werktags auch bis 22:00 oder 23:00 geöffnet, manche Ketten sogar rund um die Uhr.

Am **Wochenende** können Sie hier oft von 9:00 bis 22:00 einkaufen, in den kleineren Läden auf dem Land eher nur samstags von 7:00 bis 12:00 oder 14:00. Falls Sie mehrere Tage in der Tatra unterwegs sind, lohnt es sich, einen kleinen Energievorrat mit Nüssen, Schokolade, Riegeln etc. einzukaufen. In den Hütten ist die Auswahl geringer und teurer.

Eintritt

Während Sie im slowakischen Nationalpark keinen Eintritt bezahlen müssen, kostet der Zutritt in den polnischen Tatrzański Park Narodowy (TPN) aktuell Zł 5, die Sie an kleinen Holzhäuschen am Weg bezahlen.

Elektrizität

Ein Reisesteckeradapter ist weder für die Slowakei noch für Polen nötig, wenn Sie aus Deutschland oder Österreich kommen. Achten Sie aber darauf, dass die _runden Schukostecker (Typ F) Ihrer Geräte ein Loch in der Mitte für den Stift der Steckdosen vom Typ E haben, die in Polen und der Slowakei üblich sind. Schweizer sollten dagegen einen Adapter mitbringen, da die dreipoligen Steckverbindungen der Schweiz in beiden Ländern nicht vorkommen. Die Netzspannung in der Slowakei und in Polen beträgt 230 V bei einer Frequenz von 50 Hz.

Gefahren

Neben den Gefahren, die in jedem Hochgebirge bestehen – Steinschlag, Absturzgefahr besonders auf vereisten Altschneefeldern, an glatten Felsen etc. –, sind vor allem **Wetterumschwünge** das größte Risiko in der Tatra. Vom schönsten Sonnenschein zum plötzlichen Gewitter sind es häufig eher Minuten als Stunden. Und das kann schnell lebensgefährlich werden, wie zuletzt leider das tragische Unglück am Giewont gezeigt hat (☞ S. 128). Beobachten Sie daher vor dem Aufbruch und auch unterwegs genau die Vorhersagen und die aktuelle Entwicklung. Steigen Sie bei Anzeichen von aufkommendem Gewitter rechtzeitig von exponierteren Stellen ab!

Häufig und blitzschnell kann auch dichter **Nebel** aufziehen. Trotz der ausgezeichneten und dichten Markierung sollten Sie daher sicherheitshalber immer zusätzliche Orientierungshilfen wie Kompass, Karte oder GPS-Empfänger bzw. -Apps dabeihaben.

Und ja, in der Tatra sowie in der gesamten Slowakei und Polen gibt es **Bären und Wölfe**. Etwa hundert Braunbären sollen beiderseits der Grenze in der Hohen Tatra leben, vor allem in der Westtatra. Begegnungen mit ihnen sind aber extrem selten: Selbst die allermeisten Waldarbeiter und langjährige Tatrabesucher haben außer Tatzenabdrücken und dem Heulen der Wölfe nichts von ihnen bemerkt. Menschen stehen bei beiden Tierarten nicht auf dem Speisezettel. Wölfe sind bislang kaum Thema in der Tatra. Sie suchen das Weite, lange bevor Sie überhaupt ihre Anwesenheit bemerken können. Unter den Bären hat es vor einigen Jahren aufgrund steigender Besucherzahlen und extremen Wettern, die ihren Lebensraum und die Nahrungsgrundlagen einschränkten, Exemplare gegeben, die nachts in Siedlungen Mülltonnen durchstöberten. Solange Sie aber darauf achten, Bären nicht zu überraschen oder gar Kontakt durch Füttern o. Ä. suchen, sind Sie auf der sicheren Seite.

☺ Um besonders in einsameren Tälern und bei Dämmerung von ihnen rechtzeitig wahrgenommen zu werden, kann lautes Unterhalten, Singen, Klimpern mit dem Schlüssel etc. sinnvoll sein. Die Tiere mögen keinen Lärm und ziehen sich zurück, ehe Sie ihnen versehentlich zu nahe kommen. Sehen Sie Bärenjunge, sollten Sie umgehend kehrtmachen. Die Bärenmutter ist nie weit und verteidigt ihre Jungen. Kommt es trotz allem zu einer Begegnung, sprechen Sie laut, wenn Sie nicht sicher sind, ob der Bär Sie bemerkt hat. Ziehen Sie sich dabei langsam zurück. Im extrem unwahrscheinlichen Fall, dass der Bär sich dennoch nähert, kauern Sie sich am Boden zusammen und schützen Sie das Gesicht mit den Händen. Auf keinen Fall sollten Sie wegrennen. Ein Bär ist bis zu 60 km/h schnell.

Geld

In der Slowakei gilt seit 2009 der **Euro** (€), in Polen ist der **Złoty** (Zł) das Währungsmittel. Aktuell bekommen Sie für € 1 ca. Zł 4,51.

Geld können Sie auch in kleineren Städten mit Ihrer EC-Karte (Girocard) an einem der vielen **Geldautomaten** abheben, meist zu einer Grundgebühr von ca. € 5. Mit der Kreditkarte ist es in der Regel teurer – je nach Konditionen Ihrer Bank für Auslandsgebühren. Das Zahlen mit EC- oder Kreditkarte ist in der Slowakei als Euroland kostenlos, in Polen kann eine kleine Gebühr um 1 % oder etwa € 1 je Zahlvorgang anfallen.

Während Sie in den Talorten vieles mit Karte zahlen können, funktioniert das im Tatragebirge nur in wenigen größeren Hütten. Nehmen Sie deshalb dorthin ausreichend **Bargeld** mit.

Vermeiden Sie auch in Polen das Angebot am Automaten, den Betrag in Euro anzuzeigen. Diese **Sofortumrechnung** kostet zusätzlich!

GPS und Kartenmaterial

Trotz verlässlicher Markierung und der detaillierten Beschreibung in diesem Buch ist es – z. B. wegen des häufig aufziehenden Nebels in der Tatra – immer empfehlenswert, den aktuellen eigenen Standort auf einem **GPS-Track** verfolgen zu können. Zu jeder der hier beschriebenen Etappen können Sie deshalb den GPS-Track von der Verlagswebsite www.conrad-stein-verlag.de herunterladen.

Ansonsten helfen die bei den einzelnen Etappen abgebildeten Kartenausschnitte bei der Orientierung auf den Touren dieses Buchs. Da dies aber nur einige der zahllosen Kombinationsmöglichkeiten der Wanderwege in der Hohen, Westlichen und Belaer Tatra sind, können Sie mit einer zusätzlichen **Wanderkarte** individuelle Touren planen.

Sehr übersichtlich ist die – nicht sehr wetterfeste – Wanderkarte „Tatra – Hohe, Belaer" im detaillierten Maßstab 1:25.000 des Kompass-Verlags, ISBN 978-39-90446-45-4. Sie ist mit Informationen zu gesicherten, schwierigeren Passagen und realistischen Angaben zur reinen Gehzeit in beide Richtungen für jeden Wegabschnitt versehen.

Für die West- und die gesamte restliche Tatra gibt es im selben Verlag die Karte „Tatra – Hohe, Westliche, Belaer" im Maßstab 1:50.000 in wetterfester Ausführung mit vergrößerten Detailkarten zu Kerngebieten und Gehzeitangaben für eine verlässliche Zeitplanung, ISBN 978-39-90443-90-3.

Vor Ort finden Sie oft noch detaillierteres Kartenmaterial. So bieten die auf Deutsch und Englisch verfügbaren Wanderkarten „Hohe und Belaer Tatra" (Nr. 2502) und „West Tatra" (Nr. 2501) des polnisch-slowakischen Kartenverlags Sygnatura/Tatra Plan neben zuverlässigen Angaben zur reinen Gehzeit in beide Richtungen zusätzliche Beschriftungen zu Gipfeln, Kuppen, Tälern, Bächen, Orten etc. und Schwierigkeitsangaben zu allen ausgewiesenen Wegen. Erhältlich sind die ebenfalls nicht sehr strapazierfähigen Karten an vielen Stellen vor Ort in der Hohen Tatra, in manchen deutschen Outdoorläden oder über 💻 www.mapfox.de, ISBN 978-83-87873-75-2 und 978-83-87873-76-9.

GPS-Material ist bei allen hier aufgeführten Karten über eine App oder einen QR-Code verfügbar.

💻 Onlinekarten finden Sie unter www.mapy.hiking.sk. Rechts haben Sie die Auswahl zwischen verschiedenen Regionen der Slowakei, darunter Vysoké Tatry (Hohe Tatra). Die Onlinekarte dazu bietet detaillierte topografische Angaben, jedoch keine zu den Gehzeiten. Außerdem sind die Angaben zu den Schwierigkeitsgraden der Wege unvollständig gesetzt.

☺ Die Kartenempfehlungen wurden von der Geobuchhandlung Kiel überprüft.

💻 www.geobuchhandlung.de

📖 **GPS:** *Grundlagen • Tourenplanung • Navigation* von Michael Hennemann, Basiswissen für draußen, OutdoorHandbuch Band 375, Conrad Stein Verlag, ISBN 978-3-86686-495-5, € 9,90

Informationen im Internet

Viele interessante Informationen, Fotos, Kartenausschnitte, Tourenvorschläge und Zeichnungen zu den Berghütten der slowakischen Hohen Tatra und ihrer Geschichte sowie zu Gipfeln, Seen, Tälern und der Hohen Tatra insgesamt bietet die privat betriebene Seite 💻 www.vysoketatry.com/de (u. a. auch auf Deutsch).

Auf 💻 www.tatry.sk (auf Slowakisch und Englisch) veröffentlicht der Tourismusverband der slowakischen Hohen Tatra nützliche Informationen wie eine Wettervorhersage für einzelne Tagesabschnitte, wichtige Adressen, Fahrpläne der TEŽ und einige Nationalparkregeln.

Einen Überblick über die Hohe Tatra und Links zu detaillierteren Informationen über einzelne Orte und Attraktionen (bei Klick auf „Mehr" über der Bildergalerie) bietet die Seite der Slowakischen Zentrale für Tourismus: 💻 http://slovakia.travel/de/nationalpark-tatra.

Interessante und z. T. detaillierte Hintergrundinformationen zum Gebirge finden Sie auf der privat betriebenen Seite 💻 www.slowakei-reisetipps.de.

Markierungen

Das mehr als 850 km lange Wegenetz in der Hohen Tatra ist sowohl in der Slowakei als auch in Polen vorbildlich markiert. Auf der slowakischen Seite finden Sie an allen wichtigen Wegkreuzungen Wanderwegweiser, die typischerweise ein rotes Dach haben und darunter wie ein gegabelter Baumstamm aussehen, an dem die Wanderschilder mit dem aktuellen Standort und Höhenangabe, Zielen, Gehzeiten in Stunden und Minuten und zugehörigen Markierungen angebracht sind. Die Markierungen, die sich auch entlang der Wege an Baumstämmen, auf Steinen etc. finden, sind farbige Streifen in Gelb, Rot, Blau und Grün, oben und unten weiß abgesetzt. In Polen sind die Wegmarkierungen mit Standort- und Zeitangaben an Pfählen mit schlichten weißen Wanderschildern angebracht. Neben den farbigen haben sie auch schwarze Markierungen.

Die Gehzeiten auf den Schildern verstehen sich als reine Gehzeit ohne Pausen in normal sportlichem Tempo, so wie es auch für die Zeitangaben in diesem Buch gilt.

Medizinische Versorgung

In der Slowakei und in Polen gilt die **Europäische Krankenversicherungskarte EHIC** (European Health Insurance Card). Sind Sie in Deutschland gesetzlich versichert, müssen Sie die EHIC nicht beantragen, sie ist automatisch Teil Ihrer Krankenversicherungskarte und ersetzt den früher nötigen Auslandskrankenschein. Eine private **Auslandskrankenversicherung** wird für nicht eingeschlossene Leistungen wie einen Krankentransport nach Deutschland empfohlen.

Bergrettung in der Hohen Tatra

- ▷ Slowakei: HZS (Horská záchranná služba), ☎ 183 00, +421/527 87 77 11
- ▷ Polen: TOPR (Tatranskie Ochotnicze Pogotowie Ratunkowe), ☎ 985, +48/601 10 03 00, +48/182 06 34 44

Auch die europäische Notrufnummer 112 funktioniert in beiden Ländern. Erste Wahl sollte wegen der kürzeren Reaktionszeit allerdings die Bergrettung vor Ort sein.

Reisezeit

Grundsätzlich können Sie das ganze Jahr über in der Hohen Tatra wandern. In der Slowakei sind die markierten Wege allerdings zwischen dem 1. November und dem 15. Juni in den Lagen oberhalb der Hütten mit wenigen Ausnahmen gesperrt bzw. Bergsteigern mit Genehmigung vorbehalten (☞ „Bergführer" auf S. 29). In Polen können Sie dagegen offiziell das ganze Jahr über auf allen Wegen wandern. Da die Hütten mit Ausnahme der Chata pod Rysmi unter dem Rysy samt Küche ganzjährig geöffnet sind, finden Sie auch im Winter genug Einkehrmöglichkeiten.

Die besten Wanderbedingungen haben Sie von Juli bis September. Die **zweite Junihälfte** ist für alle eine Alternative, die den Schnee nicht scheuen bzw. zu spontanen Planänderungen wegen vereister Stellen bereit sind und die Zeit genießen möchten, in der es in der Tatra noch relativ ruhig ist.

Denn sowohl die Slowaken als auch die Polen sind sehr wanderfreudig und daher in jedem Alter, gerne auch familien-, gruppen- und sogar schulklassenweise in ihrem Heimatgebirge unterwegs. Vor allem in den Hütten und auf den gut erreichbaren Wegen kann es daher im **Juli und August** ziemlich wuselig sein – in meist rücksichtsvoller, gut gelaunter Grundstimmung. In alpineren, höheren Lagen können Sie aber abseits der absoluten Klassiker die Bergwelt auch dann in Ruhe genießen. Und wenn die Übernachtungsgäste auf den Hütten ab dem frühen Abend allein sind, kehrt auch hier gesellige Gemütlichkeit ein.

Der **September** mit dem wunderschönen Licht der Spätsommersonne ist immer noch ein beliebter Wandermonat in der Tatra und der Wetterstatistik nach am stabilsten. Da die Sommerferien in aller Regel in der Slowakei und Polen mit dem August zu Ende sind, ist es jetzt schon etwas ruhiger – abgesehen von nächtlicher Ruhestörung durch röhrende Hirsche, deren Brunftzeit nun beginnt. Auch im **Oktober** können Sie noch Glück mit wunderbaren Herbsttagen haben, wenn der erste Schnee auf sich warten lässt. Den kann es andererseits auch schon mal im September geben, sodass der Spätherbst eher etwas für Spontane ist. Auf jeden Fall müssen Sie damit rechnen, dass es ab ca. Mitte September mit Nachtfrösten schon empfindlich kalt werden kann.

Sherpas

Die **Lastenträger** der Hohen Tatra sind die letzten ihrer Art – zumindest was die europäischen Hochgebirge angeht. Sie selbst nennen sich in Anspielung auf die Kollegen im Himalaya oft Tatra-Sherpas. Auf ihren hölzernen Tragegestellen schleppen sie um die 80 kg sauber austarierte Last, bei den Sherpa-Rallyes auch schon mal deutlich mehr. Dabei rennen die Rallyeteilnehmer mit so viel Ballast wie möglich den Berg hinauf, z. B. zur Chata pod Rysmi – und die Hütte ist danach bestens versorgt.

Kaum jemand wird wohl nur des Geldes wegen Lastenträger: 70 Cent je transportiertem Kilogramm machen nicht gerade reich. Doch für viele Tatraliebhaber ist die Kombination aus Bergwelt, Knochenarbeit und Nebenverdienst offenbar eine willkommene Herausforderung. Sicher ist: Wer Bierfässer, Lebensmittel, Holz, Gas etc. Hunderte Höhenmeter über nicht immer ungefährliche Wege balanciert, hilft, dass die Hohe Tatra weiterhin ohne allzu viele Straßen, Lifte und Seilbahnen auskommt und die Natur ihre Ursprünglichkeit bewahren kann.

Sicherheit

Wohl nur wenige Länder sind so sicher wie die Slowakei. Gewaltverbrechen kommen sehr selten vor. Ähnliches gilt für die Tatraregion in Polen. Wie in allen europäischen Ländern sollten Sie in größeren Orten und größeren Menschenansammlungen allerdings auf Ihr Gepäck aufpassen, da auch hier durch Banden organisierter **Taschendiebstahl** vorkommt. Und falls Sie mit dem Auto unterwegs sind, können die zahlreich vorhandenen **bewachten Parkplätze** eine gute Wahl sein.

Tatranská magistrála

Der **Fernwanderweg Tatranská magistrála** verläuft am Südrand der Hohen Tatra entlang. Die Ost-West-Verbindung mit roter Markierung reicht von der Westtatra im Jalovecká dolina östlich des Örtchens Bobrovecká Vápenica bis zum Kopské sedlo (☞ S. 48 f.) am Übergang zur Belaer Tatra. Die Magistrála ist technisch gut machbar und bleibt stets unterhalb der Gipfel. Einzig zwischen Sedlo pod Svišt'ovkou und Chata pri Zelenom plese gibt es einen kurzen kettengesicherten Teil und von Popradské pleso zum Sedlo pod Ostrvou ist der Anstieg fordernd. Rund um die beliebten, gut erreichbaren Orte entlang des Wegs kann es auf diesem Fernwanderweg ziemlich belebt sein.

www.mapy.hiking.sk: Im Menü „Katalog" auswählen, dann herunterscrollen bis „Tatranská magistrála"; rechts am Kartenrand sind alle Teilstrecken sowie die von den Sperrungen in den Wintermonaten betroffenen Abschnitte angezeigt.

Telefon und Internet

Die Ländervorwahl für die Slowakei ist +421, für Polen +48. Die mobilen Datennetze sind in Polen ziemlich dicht und in der Slowakei auch weitgehend gut verbreitet, sodass zumindest in allen Talorten ein guter Empfang möglich ist. In höheren Lagen müssen Sie dagegen – wie überall in Bergregionen – mit Funklöchern rechnen.

Unterkünfte

In den Talorten der Tatra finden Sie von unzähligen preiswerten **Unterkünften in Privathäusern** (oft an Schildern mit der Aufschrift *izba, ubytovanie* oder einfach *privát* auf Slowakisch oder *pokoje gościnne/noclegi* auf Polnisch erkennbar) über bezahlbare **Pensionen** und vereinzelt auch **Hostels** bis hin zu komfortableren oder luxuriösen **Hotels** und **Appartements** alles. Der Standard ist im Durchschnitt auf westeuropäischem Niveau. Meist können Sie ein in aller Regel reichliches Frühstück gleich mitbuchen, eventuell auch Abendessen.

Eine kleine Auswahl gering- bis mittelpreisiger oder auch besonderer, teurerer Unterkünfte in den Orten entlang der in diesem Buch beschriebenen Touren finden Sie direkt in den jeweiligen Beschreibungen.

Da die Übernachtungsangebote und damit auch die Preise sich in beiden Ländern teilweise rasant entwickeln, können die Angaben zu den **Übernachtungskosten** in diesem Buch nur grobe Anhaltspunkte sein. Die Preise sind hier jeweils für eine Person angegeben.

Die **Berghütten** der Hohen Tatra haben einen ähnlichen Standard wie die der Alpen. Viele der Hütten auf der slowakischen Seite werden nach wie vor allein durch Lastenträger oder Sherpas versorgt. Verständlicherweise ist die Essensauswahl in diesen Hütten auf wenige, aber durchaus ordentliche Gerichte beschränkt. Und an Bier fehlt es natürlich nie! Auch Nicht-Übernachtungsgäste werden in allen Hütten bewirtet.

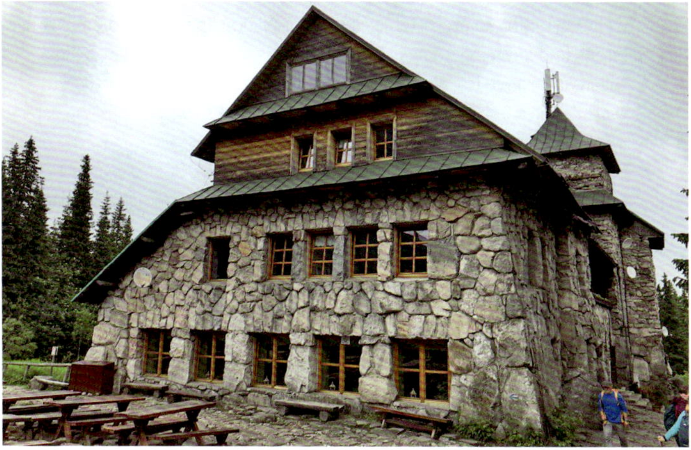

Schronisko Murowaniec

Vegetarier sollten in den Hütten der Slowakei gleich bei der Reservierung den Wunsch nach fleischlosem Essen angeben, damit die Küche sich darauf einrichten kann.

Die Hütten sind sehr beliebt und die Kapazitäten begrenzt, sodass Sie die Übernachtung in einer *chata* immer vorab reservieren sollten – für die slowakischen Hütten am besten mehrere Wochen im Voraus, bei besonders beliebten Hütten wie der Chata pri Zelenom plese eher Monate vorher.

In Polen sind zwar die Hütten größer, der Andrang auf dem relativ kleinen Gebiet aber auch deutlich höher. Die Hüttenwirte am Morskie Oko empfehlen, gleich ein ganzes Jahr vorher zu reservieren, und die Murowaniec-Hütte rät, direkt zu Beginn des Jahres, in dem Sie dort übernachten möchten, Ihr Zimmer zu buchen. In jedem Fall sollten Sie mehrere Monate vorab prüfen, ob zu Ihren Wunschterminen Hüttenplätze frei sind.

Kontaktdaten, Preise und weitere Informationen zu allen an den Wegen liegenden Hütten finden Sie direkt in den jeweiligen Tourenbeschreibungen.

Mit Ausnahme der Chata pod Rysmi sind alle Hütten ganzjährig bewirtschaftet.

Zelten ist im gesamten Gebiet des Tatra-Nationalparks verboten. Am Fuß des Gebirges finden Sie allerdings Zeltplätze, z. B. in

- Tatranská Lomnica (ca. 3 km südöstlich vom Ortskern): Autocamp Tatranec, Ü mit Zelt ab € 8, +421/914 12 34 32, +421/524 46 70 92, hoteltatranec@hoteltatranec.com
- Stará Lesná (ca. 4 km südlich von Tatranská Lomnica): RIJOCamping, Ü mit Zelt ab € 7, +421/524 46 74 93, +421/911 61 65 30, rijocamping@rijocamping.eu, www.rijocamping.eu
- Tatranská Štrba (ca. 8 km südlich von Štrbské Pleso): Autocamping Tatranská Štrba, Ü mit Zelt ab € 7, +421/902 44 52 41, +421/905 67 60 94, +421/524 48 41 73, autocamping40@gmail.com, www.autocamping-strba.sk

Updates

Der Conrad Stein Verlag veröffentlicht Updates zu diesem Wanderführer, die direkt von der Autorin oder von Lesern und Leserinnen des Buches stammen. Sie finden sie auf der Internetseite des Verlags (www.conrad-stein-verlag.de), wenn Sie dort diesen Buchtitel aufrufen. Der links abgebildete QR-Code führt Sie direkt zur richtigen Seite.

Verkehrsmittel vor Ort

Sämtliche slowakischen Tatragemeinden lassen sich ab Poprad mit der elektrischen Tatrabahn (TEŽ) für ca. € 1-2 bzw. mit Wochenkarte erreichen. Alternativ können Sie die Linie 706425 des **Busunternehmens Slovenská autobusová doprava** (SAD) (Poprad bis Starý Smokovec und ab hier alle slowakischen Tatraorte gegen den Uhrzeigersinn bis Lysá Pol'ana an der polnischen Grenze) für einen ähnlichen Preis nehmen. Beide Verkehrsmittel fahren in der Hochsaison von Juni bis September stündlich. Servicenummer der TEŽ: +421/244 85 81 88, SAD: +421/905 55 46 04

Von Mitte Juni bis Ende September verkehrt zudem viermal täglich das polnische **Busunternehmen Strama** von Poprad über Starý Smokovec und Tatranská Lomnica nach Zakopane und zurück. Dabei halten die Busse an allen größeren Orten unterwegs. Die Strecke von Starý Smokovec bis Zakopane kostet ca. € 5,50 und dauert etwa 1 Std. 20 Min. +48/182 01 16 45 oder +48/182 06 38 13

Auf der polnischen Seite der Hohen Tatra bringen zahlreiche private Minibusse Wanderer an ihr Ziel, die oft an den wichtigsten Ausgangspunkten für Touren so lange warten, bis der Bus voll ist, und Zakopane sowie die kleineren Orte drumherum ansteuern. Ihre Ziele sind meist an einem großen Schild hinter der Frontscheibe gut erkennbar und die allermeisten Busfahrer sehr hilfreich bei der Suche nach dem richtigen Bus.

www.zssk.sk, www.sadpp.sk (nur slowakisch), www.strama.eu (nur polnisch)

Sind Sie in der Slowakei zu Zielen abseits der Tatra unterwegs, empfiehlt sich die Bahn. Die Züge der Bahngesellschaft **Železničná spoločnosť Slovensko (ZSSK)** bringen Sie im engmaschigen Schienennetz so gut wie überall hin. Die Züge sind in gutem Zustand und die Fahrten zu Preisen buchbar, die etwa 25 % der deutschen Bahnpreise betragen. Die Sitzplatzreservierung ist bei Fernverkehrszügen inklusive, meist auch eine Flasche Wasser und ein Boulevardblättchen (auf Slowakisch). Auf einigen Strecken sind auch die Züge des privaten Transportunternehmens RegioJet unterwegs.

www.zssk.sk, www.regiojet.de

Taxifahren ist im Bereich der Tatra eine eher teure Angelegenheit. Zwar kostet eine Taxifahrt in der Slowakei eigentlich selten mehr als die Hälfte dessen, was sie in Deutschland kosten würde. Vor allem aber dort, wo es in der Tatra keine Alternativen zum Taxi gibt, schlagen die Unternehmen schon einmal ein paar Euro drauf. Am besten sprechen Sie vor Fahrtantritt mit dem Fahrer über den Preis.

Zeit

In der Slowakei und Polen gilt die mitteleuropäische Zeit, die Sommerzeit dauert wie in Deutschland, der Schweiz und Österreich vom letzten Sonntag im März bis zum jeweils letzten Sonntag im Oktober, sodass es keine Zeitverschiebung gibt.

Durch die slowakische Hohe und Belaer Tatra

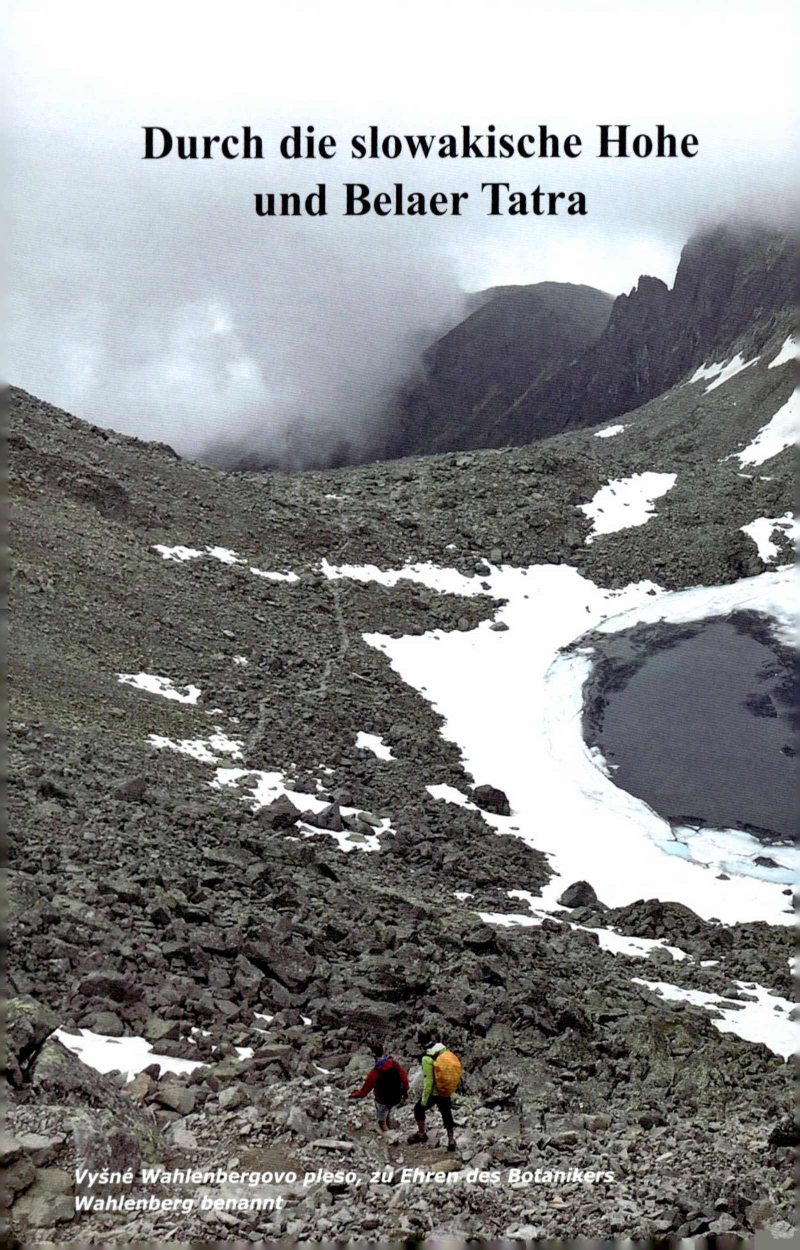

Vyšné Wahlenbergovo pleso, zu Ehren des Botanikers Wahlenberg benannt

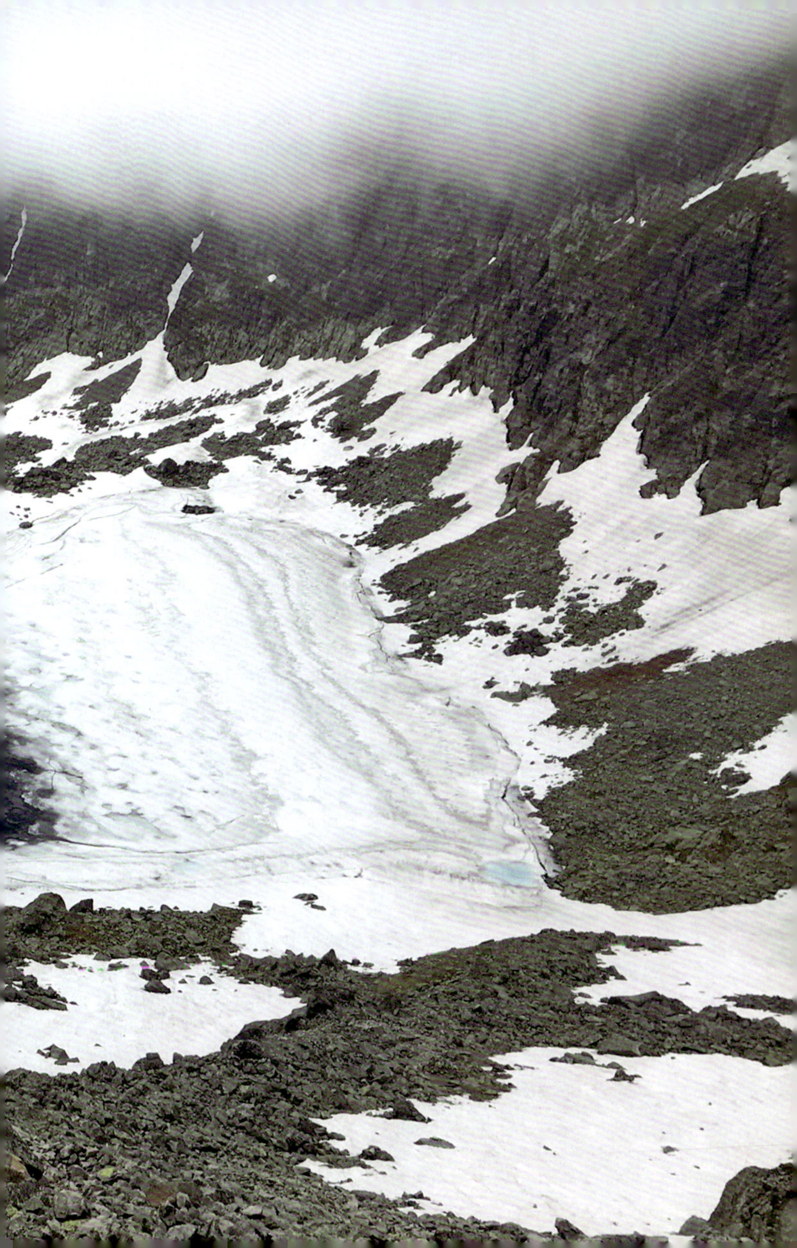

Wer die bekanntesten Gipfel, Pässe, Seen und Hütten der slowakischen Hohen Tatra kennenlernen möchte, bekommt auf den beiden Touren „**Ost-West-Querung (Teil 1)**" und „**Ost-West-Querung (Teil 2)**" einen guten Überblick – für diejenigen mit etwas weniger Zeit ist der erste Teil mit sanftem Einstieg in der Belaer Tatra und Bergtouren mit einem etwas anspruchsvolleren Passübergang in der Hohen Tatra eine gute Wahl. Im zweiten Teil lernen Sie Gipfelprominenz kennen: Rysy, den höchsten über offizielle Wanderwege erreichbaren Tatragipfel, und Kriváň, den Nationalgipfel der Slowaken.

Eine wasser- und aussichtsreiche Bergtour mit der Möglichkeit, per Sessellift zurück ins Tal zu schweben, finden Sie in der zweitägigen Tour „**Fünf Bergseen und der wohl schönste Tatrawasserfall**", während die ebenfalls zwei Tage lange Tour „**Zur Räuberhütte**" mit einer spannenden Passquerung und einem Extra-Gipfelabstecher vis-à-vis des höchsten Tatragipfels „König Gerlach" etwas fordernder ist. Entspannter geht es auf der Zwei-Tages-Gipfeltour „**Auf den nordöstlichsten Gipfel Jahňaci štít**" wieder an den Rand der Hohen Tatra, während Sie auf der abwechslungreichen „**Süd-Nord-Ost-Querung**" in drei Tagen sowohl den östlichen Teil der Hohen als auch die Belaer Tatra durchqueren und nach einer Passüberquerung mit atemberaubenden Ausblicken die sanfteren, grünen Landstriche der Letzteren genießen.

Tatra-Sherpa

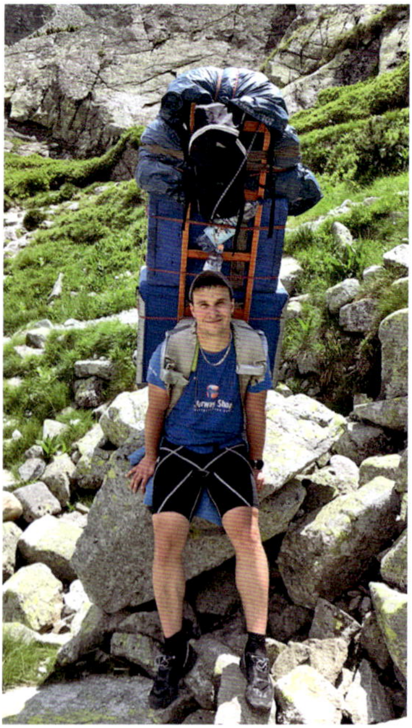

Und wer die imposante Gipfelwelt ganz entspannt von oben bewundern möchte, kann das auf der zweitägigen Tour „**Wandern und Gondeln über Pass und Gipfel**" dank Seilbahn auf den dritthöchsten Gipfel der Hohen Tatra tun – allerdings nicht ohne sich das am ersten Tag bei einer Tour mit anständigen Höhenmetern und kettengesicherter Passquerung zu verdienen.

Ost-West-Querung (Teil 1)

1. Etappe: Ždiar – Zelené pleso

⮊ 11,7 km, ⌛ 4 Std. 30 Min., ↑ 1.139 m, ↓ 441 m, ⇧ 855-1.933 m

0,0 km	⇧ 880 m	Ždiar, Bushaltestelle Ždiar-Tatra
2,5 km	⇧ 963 m	Wegweiser Rázcestie pod Ptošovskými Turnami (ca. 500 m vorher)
6,7 km	⇧ 1.826 m	Široké sedlo
6,9 km	⇧ 1.933 m	Vyšné Kopské sedlo
8,3 km	⇧ 1.750 m	Kopské sedlo
9,6 km	⇧ 1.610 m	Vel'ké Biele pleso
11,7 km	⇧ 1.551 m	Zelené pleso

Die erste Etappe der Ost-West-Querung mit dem waldig-schönen Tal Monkova dolina ist ein sanfter Einstieg in die Tatra. Den meist steilen, steinigen Übergängen der Hohen Tatra setzt die Belaer Tatra liebliche Graspässe entgegen. Dennoch geht es zunächst durch eine Kalksteinschlucht auf wenigen Kilometern steil, aber technisch unschwer hinauf. Grandiose Ausblicke ins wildromantische Med'odoly-Tal, auf Jahňaci und Kolový štít entschädigen für den zackigen Auftakt. Danach geht es hinab in eines der schönsten Hochtäler der Hohen Tatra: das Dolina Zeleného plesa.

Ždiar

Das lang gezogene Dorf am Nordostrand der Tatra bietet heute vor allem eines: zahllose Übernachtungsmöglichkeiten. Hier eine kleine Auswahl:

Penzión Karčma (von der Bushaltestelle Ždiar-Tatra nach Norden auf die Dorfhauptstraße, dann etwa 10 Min. nach Westen, neben dem Supermarkt), ☏ +421/905 92 66 01, +421/524 49 81 38, info@penzionzdiar.sk, www.penzionzdiar.sk, ÜF ab € 39

Penzión Blanka (ca. 5 Min. westlich der Penzión Karčma), ☏ +421/908 97 48 23, blanka@zdiar.sk, www.penzionblanka.sk, ÜF ab € 28, mit HP € 34

♦ Penzión Budzák (auf der Dorfstraße, dann auf der Hauptstraße ab Penzión Blanka gut 20 Min. nach Osten), ☏ 421/907 95 49 24, anna.kolekova@yahoo.com, www.penzionbudzak.sk, Ü ab € 40, ÜF ab € 48

🛏 Vila Diana (direkt neben dem Múzeum Ždiarsky Dom), ☏ +421/911 35 24 80, +421/905 35 24 80, ✉ zdiar@penzion-diana.sk, 💻 www.penzion-diana.sk, Ü ab € 22, ÜF ab € 28

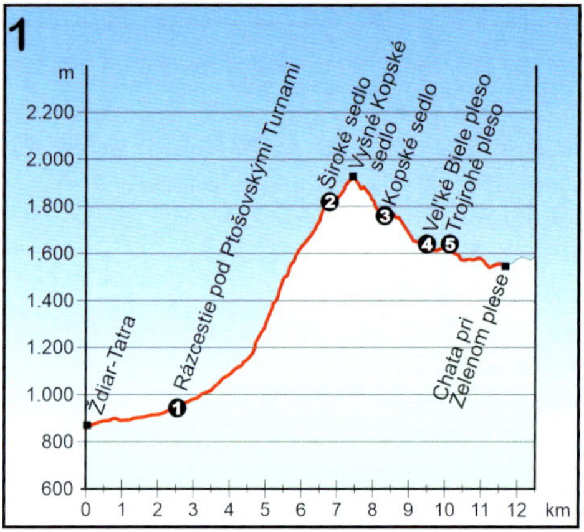

Ždiar („Morgenröte") war einst ein typisches Dorf von Goralen. So werden die Bewohner der Gebirge an der Nordgrenze der Slowakei und im benachbarten Polen genannt. Ihren einst bäuerlichen Alltag zeigt das ⌘ Múzeum Ždiarsky Dom nördlich der Bushaltestelle Ždiar-Tatra in einem Nachbau der typischen Höfe aus Goralenblockhäusern mit bunten Verzierungen (🚪 Mai, Juni und Sep Mo bis Sa 10:00 bis 17:00, So.13:00 bis 17:00, Juli und Aug Mo bis Sa 10:00 bis 18:00, So 13:00 bis 17:00, Okt bis April Mo bis Sa 10:00 bis 16:00, So 13:00 bis 17:00, Eintritt ab € 2,50). Im Nachbau finden Sie auch ein ✕ traditionelles Restaurant.

Offenbar waren ein gewisser Jonek Monka und seine Nachkommen Namensgeber des Monkova dolina. Sie ließen sich hier ab 1781 nieder und lebten vom Holzabbau. Auch heute können Sie auf dem ersten Abschnitt bis zum Wegkreuz beim Wegweiser Rázcestie pod Ptošovskými Turnami Waldarbeiter sehen, die oft traditionell mit Holzrückepferden arbeiten.

🚌 Zum Startpunkt der Wanderung, der Haltestelle Ždiar-Tatra, fahren Sie mit der Linie 706425 des Busunternehmens SAD oder einem Bus des polnischen Unternehmens Strama (☞ S. 40 f.).

Starten Sie wenige Meter östlich der Bushaltestelle an der Hauptstraße Cesta slobody. An einer Hotelruine geht links eine Straße zum Hotel Magura ab, in die Sie dem Wanderwegweiser an der Kreuzung folgend abbiegen.

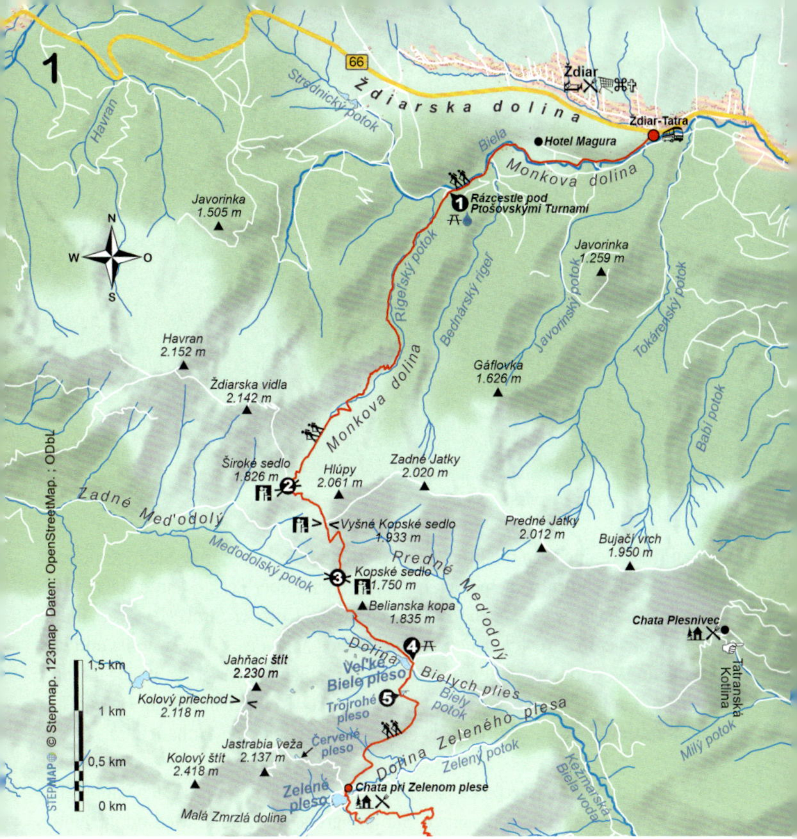

Der rote Weg in Richtung Chata pri Zelenom plese führt Sie ca. 800 m auf der Straße rechts am Bach Biela entlang und zweigt dann nach links auf einen Forstweg ab.

Der Weg folgt weiter dem Bach, bis er nach rund 2,5 km eine Kreuzung mit kleiner Pausenhütte und den Wanderwegweisern der **Rázcestie pod Ptošovskými Turnami ❶** erreicht. Die Teilziele Široké sedlo, Vyšné Kopské sedlo, Kopske sedlo sowie die Hütte Chata pri Zelenom plese sind mit roter Markierung angegeben.

Die nächsten rund 4 km geht es bald steil und steinig 800 Höhenmeter hinauf zum ersten Pass. Erst steigen Sie durch hohen Fichtenwald auf engem, steinigem Pfad am Gebirgsbach Rigel'ský potok die Kalksteinschlucht des Monkova dolina

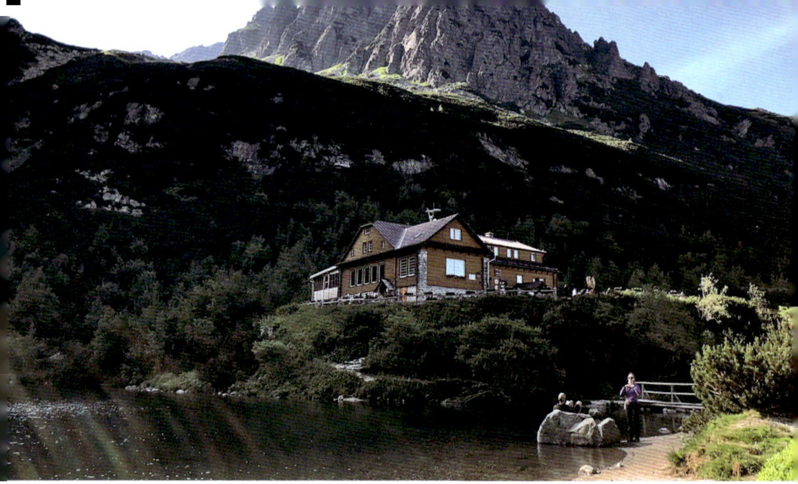

Chata pri Zelenom plese

hinauf. Bald dominieren niedrige Bergkiefern und Sie haben freie Sicht zurück auf Ždiar samt Kirchturm. Nach einigen Kehren hinauf über Felsgestein erreichen Sie nach insgesamt etwa 6 km die Baumgrenze. Jetzt ist der Široké-Pass vor Ihnen bereits gut sichtbar, rechts daneben ebenso die Gipfel des Ždiarska Vidla und des Havran im Westen, zusammen mit dem Hlúpy östlich des Monkova dolina die drei höchsten Gipfel der Belaer Tatra. Dabei ist auch der höchste Gipfel Havran mit 2.152 m rund 500 m niedriger als die höchsten Gipfel der Hohen Tatra.

Auf dem **Široké sedlo ❷** (1.826 m) angekommen, eröffnet sich ein prachtvolles Panorama: Geradeaus sehen Sie das grüne Tal Zadné Med'odoly, hinter Ihnen ist immer noch der Blick nach Nordosten zurück auf Ždiar frei, links liegt der nordöstlichste Gipfel der Hohen Tatra, Jahňaci štít (Gämsenspitze), dahinter die Kolový štít. Auch der weitere Wegverlauf nach Südosten hinauf auf die Anhöhe Vyšné Kopské sedlo unterhalb des Hlúpy (2.061 m) liegt links von Ihnen.

☺ Hier lassen sich übrigens selbst bei hohem Besucheraufkommen nicht selten die unter Artenschutz stehenden Tatra-Gämsen beobachten.

Dem roten Weg weiter nach links folgend haben Sie nach etwa 10 Min. auf dem Vyšné Kopské sedlo, mit 1.933 m der höchste Punkt der heutigen Etappe, nochmals eine wunderschöne Aussicht ins Med'odoly-Tal und auf die Jahňaci štít, bevor Sie nach ungefähr weiteren 15 Min. den Pass **Kopské sedlo ❸** (1.750 m) erreichen.

Als leicht begehbarer Grenzpass zwischen Belaer und Hoher Tatra war der Kopské sedlo im Mittelalter ein wichtiger Übergang für Händler und Schmuggler. Sie brachten ihre Ware aus dem Gebiet der ungarischen Monarchie, zu der die Slowakei damals gehörte, nach Polen und umgekehrt.

Später, im 16. Jh., bauten Bergleute – vermutlich aus Spišska Belá und Kežmarok, zwei Städtchen am Fuß der östlichen Tatra – rund um den Sattel Kupfererz zur Herstellung von Münzen und Haushaltswaren ab. Vom Wort Kupfer leitet sich auch der Name des Grassattels am östlichen Ende des Tatrahauptkamms ab.

Knapp 30 Min. und 1,3 km später erreichen Sie den See **Vel'ké Biele pleso** ❹ (1.610 m) im Hochtal Dolina Bielych plies (Weißseental) und an einer Wegkreuzung den überdachten Rastplatz und die Wanderwegweiser des TANAP. Ein Hinweis erinnert daran, dass an dieser Stelle von 1942 bis 1974 die Hütte Kežmarská chata stand.

Ab hier folgen Sie der Beschreibung der Tour ☞ „Auf den nordöstlichsten Gipfel Jahňaci štít", Etappe 1, auf S. 87 ff. über den Trojrohé pleso ❺ bis zum heutigen Ziel Zelené pleso mit der Hütte Chata pri Zelenom plese.

Die Chata pri Zelenom plese am Zelené pleso bietet müden Wanderern zwar 56 Betten und etwa noch einmal so viele Schlafplätze im Lager, dennoch empfiehlt es sich, die Hütte ein halbes Jahr im Voraus zu buchen, denn der Andrang ist besonders bei gutem Wetter enorm – immerhin gilt die Hütte mit ihren Panoramafenstern zum leuchtenden See samt Hochtalgebirgspanorama vielen als schönste Hütte der Hohen Tatra und ist auf einfachen Wanderwegen gut erreichbar.

☏ +421/901 76 74 20, tatry@chataprizelenomplese.sk,
www.chataprizelenomplese.sk, ganzjährig, Ü im MBZ ab € 20, Notunterkunft mit eigenem Schlafsack ab € 10, F ab € 7, HP möglich, Duschgelegenheit

Vom Nordostufer des Sees aus betrachtet liegt vor Ihnen das prachtvolle Berg- und Hochtalpanorama am Talschluss des Dolina Zeleného plesa: Südlich schauen Sie auf die Nordwand der Malý Kežmarský štít, nordwestlich davon ins Hochtal Vel'ka Zmrzlá dolina mit der Pyšný štít (2.621 m), auf den Baranie sedlo (Passübergang zur Téryho chata, ☞ S. 97) und im Hintergrund auf den Gipfel Baranie rohy (2.526 m). Im Westen liegt das Hochtal Malá Zmrzlá dolina mit Čierny štít (2.429 m) und Kolový štít (2.418 m) vor Ihnen. Im Norden ragt der Jastrabia veža (2.137 m, auf Deutsch Karfunkelturm oder auch Königsnase) als weithin sichtbares „Wahrzeichen" des Dolina Zeleného plesa heraus.

Vom See aus ist ein Abstecher auf die Jahňaci štít möglich (➲ 4,8 km, ⌛ 3 Std. 30 Min., ↑ 680 m, ↓ 680 m, ⇧ 1.551-2.230 m). Folgen Sie dazu der Beschreibung der Tour ☞ „Auf den nordöstlichsten Gipfel Jahňaci štít", 1. Etappe, auf S. 87 ff. ab Chata pri Zelenom plese über den Bergsee Červené pleso und die Scharte Kolový priechod.

2. Etappe: Zelené pleso – Zbojnícka chata

➲ 14,2 km, ⌛ 5 Std. 50 Min., ↑ 1.157 m, ↓ 748 m, ⇧ 1.304-2.023 m

0,0 km	⇧ 1.551 m	Zelené pleso
2,5 km	⇧ 2.030 m	Sedlo pod Svištovkou
5,0 km	⇧ 1.751 m	Skalnaté pleso ⌘
8,0 km	⇧ 1.475 m	Zamkovského chata
11,8 km	⇧ 1.560 m	Brücke Vel'ký Studený potok
13,4 km	⇧ 1.834 m	Vareškové pleso
14,2 km	⇧ 1.960 m	Zbojnícka chata

Heute arbeiten Sie sich in den Kern der slowakischen Hohen Tatra vor: Nachdem Sie den Nordhang des Vel'ká Svištovka erklommen haben, steigen Sie hinab zum Wanderknotenpunkt an der beliebten Seilbahnstation mit benachbarter Sternwarte am Skalnaté pleso. Bis hinab zur Zamkovského chata treffen Sie meist viele Wanderer, doch ab dem wieder anstrengenderen Aufstieg durch das Vel'ká Studená dolina können Sie das stufen- und seenreiche Tal auf ruhigerem Weg genießen.

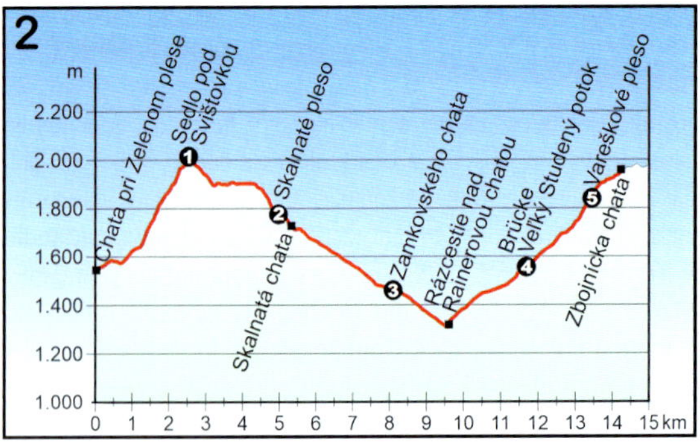

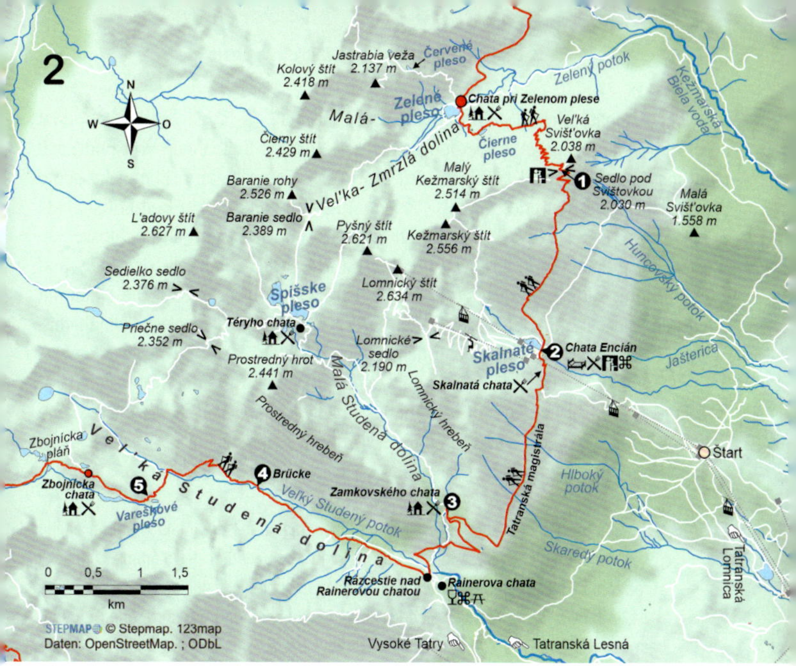

Ab der Chata pri Zelenom plese führt Sie ein rot markierter Weg nach Süden in Richtung Skalnaté pleso. Dazu müssen Sie den sanften Pass Sedlo pod Svištovkou queren, der nur ein paar Meter westlich am aussichtsreichen Gipfel Veľká Svištovka (2.030 m) vorbeiführt. Hinauf geht es dafür zackig: erst links vorbei am kleinen Čierne pleso, dann etwa 1,5 km nach der Hütte über einen steilen, mit Ketten gesicherten Felsrücken links von einem hinabstürzenden Bach und über steinige Serpentinen ca. 440 Höhenmeter die Nordwand des Veľká Svištovka hinauf. Nach 2,5 km und 1 Std. 30 Min. ab Etappenstart können Sie vom **Sedlo pod Svištovkou ❶** (2.030 m) ein paar Meter weiter nach links auf den Gipfel des Veľká Svištovka steigen und den Blick nach Südosten über Tatranská Lomnica in die Ebene bis zu den Ostausläufern der Niederen Tatra schweifen lassen. Außerdem sehen Sie die Jahňaci štít im Nordwesten und Malý Kežmarský štít (2.514 m), Kežmarský štít (2.556 m) und Lomnický štít (2.634 m) im Südwesten.

Der Weg führt über Gesteinsbrocken in großen Kehren weiter nach Süden, dann wandern Sie für ca. 1,5 km auf etwa 1.900 m Höhe. Rund 4 km nach dem Start beginnt der Abstieg zum **Skalnaté pleso ❷** auf ca. 1.750 m, den Sie etwa 50 Min. und 2,5 km nach dem Sattel erreichen.

Der Skalnaté pleso (Steinbachsee) ist der Knotenpunkt mehrerer Wanderwege. Außerdem verkehren hier die Seilbahnen von und nach Tatranská Lomnica und Lomnický štít sowie der Sessellift zum Lomnické sedlo südwestlich unterhalb des Gipfels (☞ S. 115 ff.). Neben dem Berghotel Chata Encián (☏ +421/904 89 02 98, ÜF ab € 25 im MBZ) und angeschlossenem Bistrocafé gibt es die 1943 erbaute Sternwarte östlich oberhalb des Sees und einige Meter südlich an der Tatranská magistrála die Hütte Skalnatá chata mit deftigen Speisen und Getränken (☏ +421/904 89 02 98, www.skalnatachata.sk), die leider keine Übernachtungen mehr anbietet.

Weiter auf dem roten Weg, der ab Skalnaté pleso abwärts der Tatranská magistrála (☞ S. 37 f.) entspricht, kommen Sie nach etwa 50 Min. zur **Zamkovského chata** ❸ auf 1.475 m. Dazu folgen Sie ab dem Wegkreuz für 2 Min. dem grün ausgewiesenen Weg nach Norden.

Die Zamkovského chata liegt malerisch im waldigen Teil des Malá Studená dolina (wörtlich übersetzt: kleines kaltes Tal) mit dem Südausläufer des Kamms Lomnický hrebeň im Rücken, dessen höchste Erhebung die Lomnický štít ist. Die Hütte wurde 1942-43 unter Stefan Zamkovský erbaut, einem bekannten Bergführer und Bergsteiger der Region. Das kommunistische Regime hat sie verstaatlicht und Zamkovský samt Familie später unter dem Vorwurf des Kapitalismus aus der Hohen Tatra ausgewiesen. Heute wird sie wieder privat betrieben und bietet 25 Betten sowie 20 Plätze im Matratzenlager. ☏ +421/905 55 44 71, +421/902 26 61 15, zamka@zamka.sk, www.zamka.sk, ganzjährig, Ü im MBZ ab € 21, ÜF ab € 27, HP möglich, Duschgelegenheit

Zu Ihrem heutigen Ziel, der Zbojnícka chata, gehen Sie von der Hütte zurück zur Weggabelung und folgen für etwa 30 Min. und 1,7 km weiter dem roten Weg in Richtung **Rainerova chata.**

Die kleine Hütte ist die älteste der Hohen Tatra. Sie wurde 1863-65 unter Ján Juraj Rainer als erste Unterkunft für Wanderer mit nur einem Raum gebaut. Als 1884 nebenan eine größere Hütte gebaut wurde, verkam die Hütte zum Lager. Nach ihrer Renovierung bietet sie seit 1998 Getränke und einfache Snacks. Außerdem beherbergt sie eine kleine Ausstellung zum Nationalpark sowie zu den Lastenträgern der Hohen Tatra, die die Hütten mit Lebensmitteln, Brennholz, Gas etc. beliefern. Übernachtungen sind heute nicht mehr möglich. täglich 9:00 bis 16:00

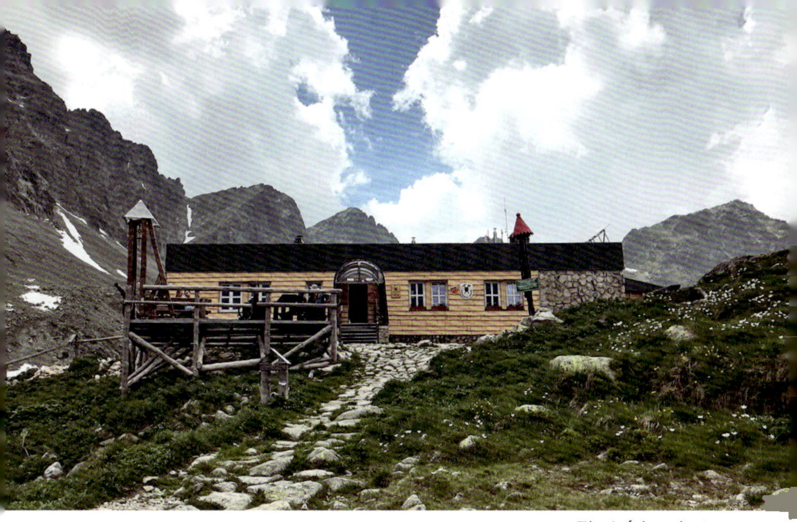

Zbojnícka chata

Ein Besuch der Hütte wäre allerdings ein wenige Minuten langer Abstecher: Bevor Sie sie erreichen, geht am nächsten Wegkreuz (**Rázcestie nad Rainerovou chatou**) scharf rechts der blau markierte Weg ab, der Sie das Vel'ká Studená dolina („großes kaltes Tal") hinaufführt, an dessen Schluss die Zbojnícka chata („Räuberhütte") liegt.

Das Vel'ka Studená dolina ist wie das kleine Schwestertal Malá Studená dolina, von dem es durch den Prostredný hrebeň getrennt ist, ein klassisches Hochtal der Hohen Tatra mit 22 Seen. Über mehreren Talstufen liegt die Hochfläche Zbojnícka pláň, was so viel wie „Räuberebene" bedeutet – das Wort Räuber bezieht sich auf Wilderer, die hier einst Gämsen jagten.

Das Tal empfängt Sie mit einem erfrischenden Waldweg, der allmählich in höhere und nur noch mit niedrigen Latschenkiefern bewachsene Lagen führt. Immer entlang des Vel'ký Studený potok kommen Sie nach ca. 2,6 km und etwa 1 Std. 10 Min. ab dem Wegkreuz in offeneres, steiniges Gelände und überqueren bald die erste Brücke über den **Vel'ký Studený potok ❹**. Ein kurzer, kettengesicherter Wegabschnitt führt über Fels, bevor Sie nach etwa 3,5 km und 1 Std. 40 Min. auf dem blauen Weg links abbiegen und den Bach über die nächste kleine Holzbrücke queren.

Jetzt geht es in großen Schritten über Felsblöcke bergauf, wofür Sie der Ausblick auf den türkis leuchtenden **Vareškové pleso** ❺ links unter Ihnen nach den ersten knapp 100 Höhenmetern und 10 Min. direkt belohnt. 900 m Strecke und knapp 20 Min. liegen nun noch vor Ihnen, bis Sie das heutige Ziel erreichen.

Mit 16 Betten ist die Zbojnícka chata (1.960 m) eine kleine, gemütliche Hütte, die ursprünglich eine Jagdhütte war und seit 1910 für Wanderer geöffnet ist. Zuletzt wurde sie 2001 umgebaut und bietet nun unter einem Schrägdach noch einmal 27 Lagerplätze (beim Aufstehen morgens nicht den Kopf an der niedrigen Decke stoßen). ☏ +421/903 63 80 00, rezervacie@zbojnickachata.sk, www.zbojnickachata.sk, ganzjährig, Ü im MBZ oder Lager ab € 22, F ab € 6, HP möglich. Es gibt keine Dusche, aber eine Waschgelegenheit!

3. Etappe: Zbojnícka chata – Popradské pleso

16,1 km, 6 Std. 30 Min., ↑ 913 m, ↓ 1.373 m, ⇧ 1.500-2.290 m

0,0 km	⇧ 1.960 m	Zbojnícka chata
2,2 km	⇧ 2.290 m	Sedlo Prielom
3,0 km	⇧ 2.200 m	Pol'ský hrebeň
4,1 km	⇧ 1.939 m	Dlhé pleso
6,2 km	⇧ 1.670 m	Velické pleso
8,1 km	⇧ 1.743 m	Rázcestie pod Suchým vrchom
9,5 km	⇧ 1.884 m	Batizovské pleso
13,3 km	⇧ 1.966 m	Sedlo pod Ostrvou
16,1 km	⇧ 1.500 m	Popradské pleso

Zwei Gipfelabstecher mit wunderschönem Panoramablick, eine kniffligere Scharte, Bergseen und immer wieder imposante Ausblicke: Heute dürfte für jeden etwas dabei sein. Zuerst brauchen Sie in der steilen Prielom-Scharte Kraft und Konzentration bei Schotter und kettengesichertem Felsgelände. Dann bietet ein Abstecher auf den Východná Vysoká Extrahöhenmeter, die mit einem eindrucksvollen Rundblick auf den höchsten Berg der Hohen Tatra gegenüber sowie wunderschöne Täler, Seen, Scharten und Spitzen reichlich entlohnt werden. Kurz vor dem Ziel, auf dem Ostrva, wartet der nächste Prachtrundblick – ganz ohne weitere Schwierigkeiten.

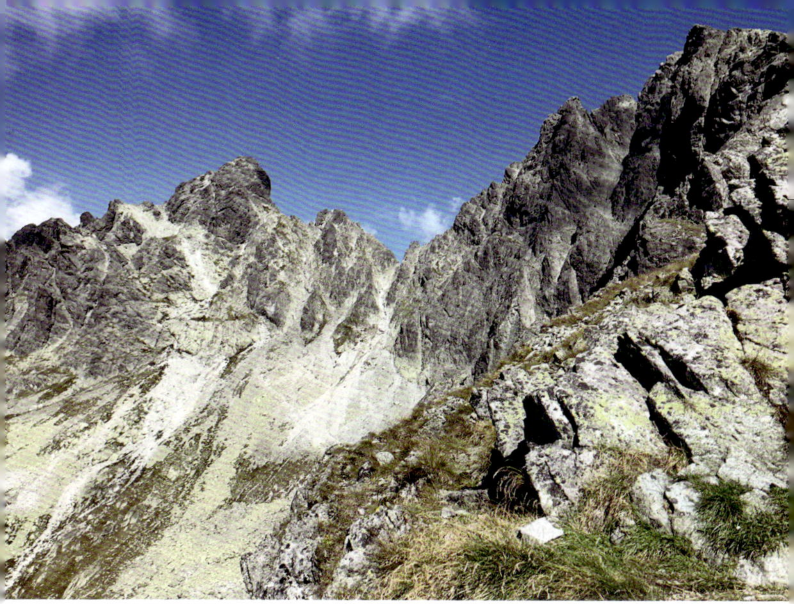

Sedlo Prielom

Um vom Vel'ká Studená dolina ins westliche Nachbartal zu kommen, das Velická dolina mit dem höchsten Berg der Hohen Tatra, Gerlachovský štít (2.654 m, Gerlachspitze), am Westrand, müssen Sie etwa 2,2 km nach der Zbojnícka chata den Prielom-Pass überschreiten. Dazu wählen Sie ab der Hütte weiter den blau markierten Weg. Am Wegkreuz ca. 150 m nach der Hütte lassen Sie den gelb markierten Weg zum Übergang ins nordöstliche Schwestertal Malá Studená dolina, dem Priečne sedlo (☞ Tour „Wandern und Gondeln über Pass und Gipfel“, 1. Etappe, S. 190 ff.), rechts liegen.

Sie queren nach etwa 500 m einen Zwischenfluss zwischen den Zbojnícke-Seen und steigen nun allmählich bergan. Die letzten knapp 500 m vor dem Pass, etwa ab 2.100 m Höhe, wird es steil. Der Weg führt über Felswand ziemlich direkt nach oben und wird dann auf ebenso steilem Gelände schottrig und etwas rutschig, bis Sie den Sattel **Sedlo Prielom ❶** bei 2.290 m Höhe nach gut 1 Std. und 2,2 km ab der Hütte erreicht haben.

✋ Immer wieder sehen Sie kurz vor dem Pass Eisenstäbe, die das Rutschen größerer Felsbrocken im Schotter verhindern sollen. Vorsicht ist also geboten, um nicht versehentlich einen Steinschlag auszulösen.

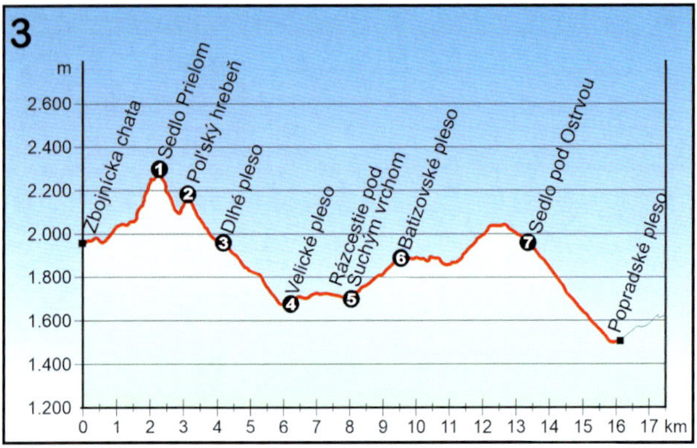

Vom Sattel sehen Sie den weiteren Wegverlauf in Richtung Litvorová-Tal, das sich zu Ihren Füßen mit dem von Norden kommenden Svišt'ová-Tal trifft. Südlich erhebt sich der Východná Vysoká (2.429 m) auf demselben Kamm. Unter Ihnen geht es wieder steil in die Tiefe. Dafür stehen Ihnen hier beim Hinabklettern über Felswände und -rinnen mehr als 100 m Eisenketten zur Verfügung.

Auch nach dieser Kletterpassage ist im Hochkessel Zamrznutý kotol weiter Konzentration gefragt, denn es geht über erst schottrigen und steilen Serpentinenweg, dann über unebenes Gestein südlich des Zamrznuté-Sees („gefrorener See") durch den Kessel.

Rund 800 m und ca. 30 Min. nach dem Prielom gehen Sie den nächsten Pass an, den **Pol'ský hrebeň ❷** . Dazu nehmen Sie den grünen Weg nach links, während der blaue weiter ins Litvorová-Tal führt. Über einen einfachen, mit Holzrahmen gesicherten Weg geht es auf den 2.200-m-Pass. Südwestlich sehen Sie von hier bei guter Sicht den Gerlachovský štít mit seinem eher runden Gipfel, ebenso das Tal Velická dolina, das Sie als Nächstes durchwandern.

↳ Zuvor bietet sich ein Abstecher auf den Východná Vysoká an, der von hier über den gelb markierten Weg erreichbar ist. Für die zusätzlichen rund 1,1 km mit anfangs leichter Klettereinheit an Ketten sollten Sie hin und zurück etwa 1 Std. 30 Min. einplanen. Und natürlich Zeit, um den Rundblick über den Gerlach, zurück ins Vel'ká Studená dolina mit der Zbojnícka chata im Miniaturformat und zum Bergkamm Velické Granáty im Süden zu genießen, der Sie später beim Abstieg ins Velická-Tal begleiten wird.

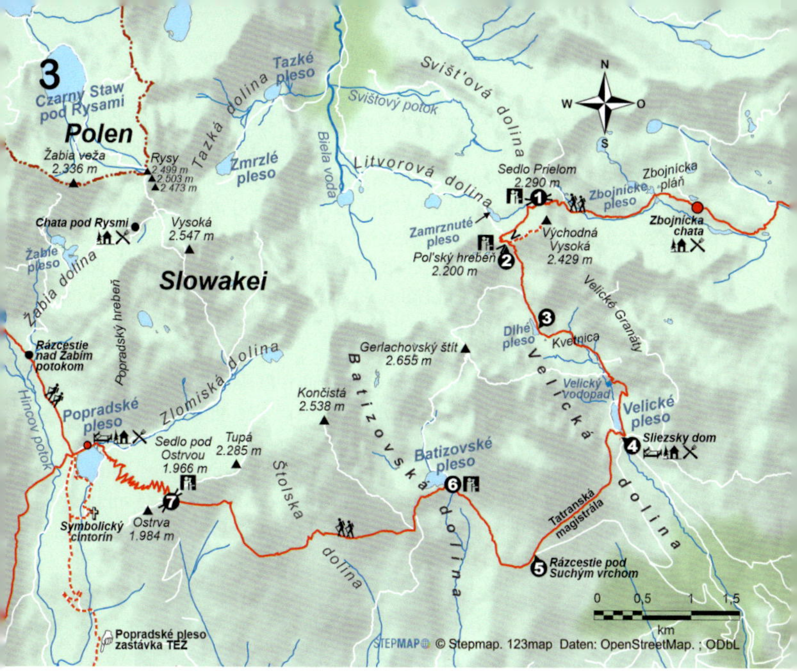

Vom Pol'ský hrebeň steigen Sie 2 km und etwa 1 Std. 20 Min. über mehrere Talstufen hinab, zuerst über ein kettengesichertes, steil-felsiges Wegstück, dann auf Gesteinsblöcken hinab und weiter links am tieftürkisen See **Dlhé pleso ❸** unterhalb des Gerlachovský vorbei. Sanfter geht es durch die grünen Wiesen der Kvetnica-Almfläche (☺ beliebt bei Gämsen!) und zuletzt wieder steiler abwärts über Gesteinsstufen unter einem tropfenden Felsvorsprung östlich des Velický-Wasserfalls hindurch zum **Velické pleso ❹** auf 1.670 m Höhe.

Dem Berghotel Sliezsky dom (Schlesisches Haus) am Südufer des Velické pleso ist die gleichnamige Berghütte gewichen. Das Hotel hat heute Luxuscharakter, nur ein 12-Bett-Zimmer bietet Wanderern noch einen hüttenmäßigen Übernachtungspreis für ca. € 25. Wer hier übernachtet, wird zum Essen meist in ein vom Restaurant getrenntes Bistro mit ausgedünnter Auswahl komplimentiert. Frühstück gibt es dagegen im Restaurant als üppiges Buffet für € 12. ☏ +421/911 88 28 79, +421/918 98 83 09, recepcia@sliezskydom.sk, www.sliezskydom.sk, ganzjährig, ÜF im Hotelzimmer ab € 120, Duschgelegenheit, Wellnessbereich, Hol-und-Bring-Service nach Tatranská Polianka für ca. € 20

Ab dem Velické pleso folgen Sie nun wieder der Tatranská magistrála für etwa 2 Std. 10 Min. und rund 7,1 km ohne größere Herausforderungen bis zum Sedlo pod Ostrvou (1.966 m). Dabei kommen Sie etwa 1,9 km nach Sliezsky dom am Wegkreuz **Rázcestie pod Suchým vrchom ❺** vorbei und durchqueren dann das Batizovská dolina mit der Gerlachovkský štít östlich und dem Končistá (2.538 m) im Westen des Tals. Dazwischen, etwa 25 Min. nach dem Wegkreuz, liegt der **Batizovské pleso ❻** auf 1.884 m Höhe, an dessen Südufer der Weg Sie entlangführt.

Von hier haben Sie noch einmal einen tollen Blick auf das Gerlach-Massiv und die tosenden Wasserfälle, die in den Batizovské-See hinabstürzen.

Um den Südausläufer des Končistá herum geht es als Nächstes entlang des Talschlusses des Štolska dolina und weiter unterhalb des Tupá (2.285 m) und seines Westausläufers Tupý hrb bis zum **Sedlo pod Ostrvou ❼**.

Velické pleso

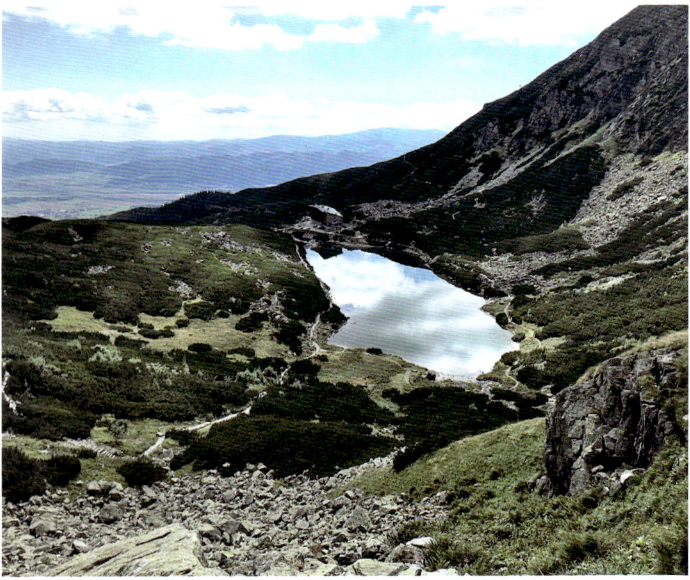

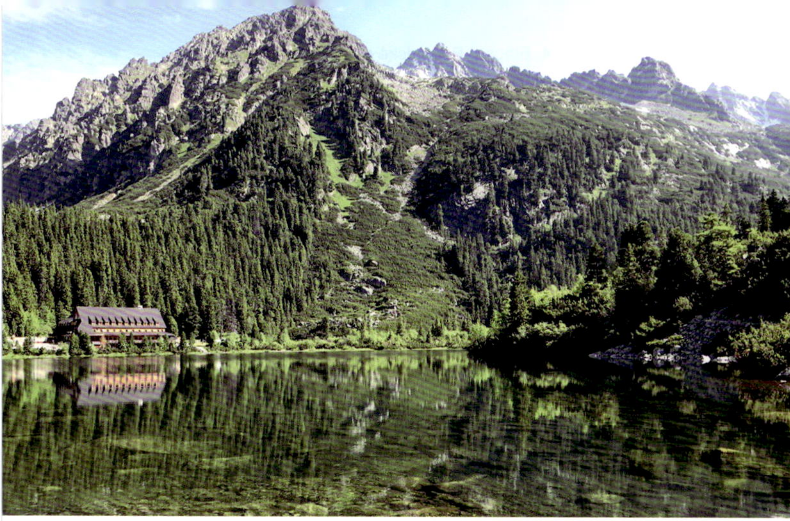

Popradské pleso

Von hier lohnen sich ca. 300 m Zusatzstrecke: Vom nur etwa 5 Min. entfernten Gipfel des Ostrva (1.984 m) überblicken Sie weite Teile des Mengusovská-Tals, in dessen Hochtälern mit Rysy (2.503 m) und Kôprovský štít (2.363 m) zwei Gipfel liegen, die Sie in den nächsten Tagen gut besteigen können (☞ nächste Etappe und Tour „Ost-West-Querung (Teil 2)“, 1. Etappe, ab S. 65). Der Popradské pleso liegt in seiner glasklaren Herrlichkeit unter Ihnen, ebenso das Zlomiská-Tal, das sich nach Nordosten erstreckt und vom bei Bergsteigern beliebten Vysoká (2.547 m) gekrönt wird.

Der Serpentinenabstieg zum Etappenziel über die Nordwand des Ostrva mit ca. 40 Min. und 2,8 km ist technisch weiter problemlos.

Die Chata pri Popradskom plese ist mit insgesamt 160 Betten wie Sliezsky dom keine Berghütte mehr. Hier gibt es allerdings neben den hochpreisigeren Hotelzimmern auch einige Mehrbettzimmer zu Hüttenpreisen und ein Restaurant für alle.
☏ +421/908 76 14 03, +421/910 94 81 60, recepcia@popradskepleso.sk, www.popradskepleso.com, ganzjährig, Ü im Hotelzimmer ab € 80, Ü im MBZ ab € 20, ÜF ab € 26, HP möglich, Duschgelegenheit

Gleich nebenan steht die kleinere Majláthova chata mit 15 Betten.
☏ +421/917 65 54 46, majlathovachata@gmail.com, www.majlatka.sk, ganzjährig. Ü ab € 40, DZ ab € 80, 4-Bett-Zimmer ab € 160, F ab € 6, Duschgelegenheit

Von hier haben Sie bereits schöne Einblicke ins Tal Hlinská dolina im Westen und zurück auf den Hincovo pleso mit den Gipfeln Menugsovské štíty im Hintergrund.

Weitere 200 Höhenmeter folgen Sie nun dem rot markierten Weg auf den Gipfel **Kôprovský štít ❹** – erst über einen breiteren Pfad, der noch bis Anfang Juli teilweise mit Schneefeldern bedeckt sein kann, dann über einen schmaler werdenden Kamm, der Trittsicherheit erfordert.

Nach ca. 1,7 km und einer guten Stunde ab dem See sind Sie am Gipfel, den übrigens wie die meisten Gipfel der Hohen Tatra kein Gipfelkreuz krönt, sondern ein schlichter roter Punkt mit weißer Umrandung als Endpunkt der rot-weißen Markierung.

Unter Ihnen erstreckt sich nun das Hlinská-Hochtal nach Nordwesten in das Kôprová dolina, das Tal, von dem die Erstbesteigung ausging und von dem der Gipfel seinen Namen hat. Im Norden sehen Sie das Temnosmrečinská-Tal mit den beiden gleichnamigen Seen, östlich davon in voller Länge den Hincovo-See und das ihn umgebende Hochtal Hincova dolina.

Zurück nehmen Sie bis **Popradské pleso** denselben Weg. Hier haben Sie die Wahl: Wenn Sie am nächsten Tag auch den Rysy (☞ Tour „Ost-West-Querung (Teil 2)“, 1. Etappe, S. 65 ff.) ersteigen möchten, könnten Sie nach insgesamt ca. 4 Std. 30 Min. Wanderzeit noch einmal hier übernachten, um den Anstieg zu verkürzen. Ansonsten folgen Sie nun dem roten Weg weiter nach Südwesten und erreichen über den **Trigan ❺** in gut einer Stunde den Kurort Štrbské Pleso.

↳ Der blau markierte Weg, den Sie vom Hincovo pleso hinabgewandert sind, führt Sie alternativ in einer knappen Stunde weiter nach Süden zur 🚆 Haltestelle Popradské pleso, von wo aus Sie die elektrische Tatrabahn ans Ziel Ihrer Wahl bringt.

↳ In jedem Fall lohnt sich vorher ein Abstecher von ca. 40 Min. zum **Symbolický cintorín**, der idyllisch in einem Zirbenwäldchen unter der Westwand des Ostrva liegt. Der symbolische Friedhof wurde 1936 bis 1940 zu Ehren der Toten eingerichtet, die bei Bergunfällen in der Hohen Tatra ums Leben gekommen sind. Folgen Sie vom Popradské pleso zunächst ca. 10 Min. dem blau markierten Weg in Richtung der Bahnhaltestelle Popradské pleso (Popradské pleso zastávka TEŽ). Am nächsten Wegkreuz geht links ein Weg mit gelber Markierung ab, der Sie in 10 Min. zum Friedhof und in 30 Min. zurück zum Popradské pleso führt.

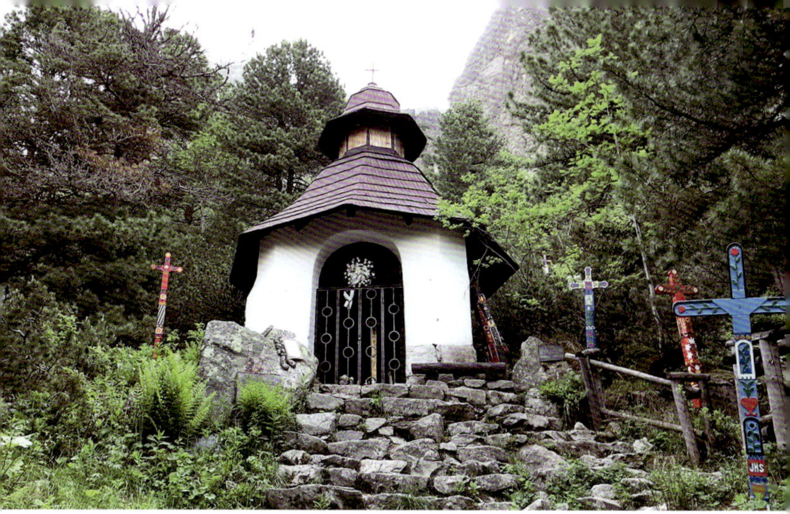

Symbolický cintorín

Der Friedhof ist mit ca. 60 geschnitzten und bunt bemalten Holzkreuzen geschmückt. Mehrere Hundert Tafeln, Kerzen und persönliche Andenken von Angehörigen erinnern an die Bergopfer. Über allem thront eine kleine, weiße, holzschindelgedeckte Kapelle im Zipser Stil, die innen mit Gemälden ausgeschmückt ist.

Štrbské Pleso

Von der TEŽ-Haltestelle wenige Schritte nach Nordwesten ins Zentrum liegt die Touristeninformation. ☏ +421/911 33 34 66, info@strbskepleso.sk, www.strbskepleso.sk, täglich 7:30 bis 15:00

Neben einigen Luxusangeboten finden sich in Štrbské Pleso auch günstigere Übernachtungsmöglichkeiten, z. B.:

Penzion Furkotka (gleich neben dem Bahnhofsgebäude), ☏ +421/911 03 90 88, recepcia@furkotka.sk, www.furkotka.sk, Ü ab € 45 (für 2- und 4-Bett-Zimmer), F ab € 8

Vila Polar (in Nové Štrbské Pleso, südlich vom Bahnübergang der Straße nach Westen zur Kirche folgen), ☏ +421/903 76 10 02, dusandajca@gmail.com, Ü ab € 54, F ab € 6

Das Hostel shb an der Straßenkreuzung nördlich der Touristeninformation bietet 70 Betten, meist in MBZ ab € 17. ☏ +421/911 57 89 99, ubytovanie@shb.sk, www.shb.sk

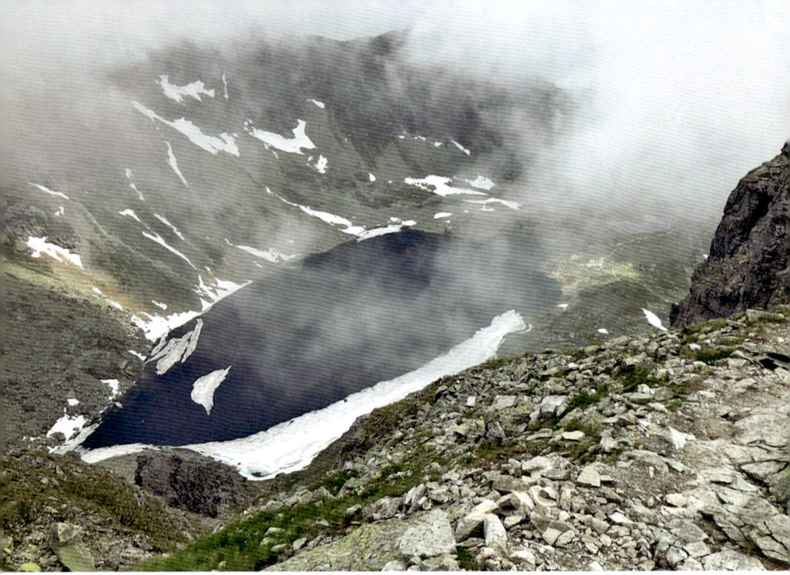

Der Vel'ké Hincovo pleso ist der größte und tiefste See der slowakischen Hohen Tatra

Der Ski- und Kurort ist im Sommer und Frühherbst Ausgangspunkt vieler Wandertouren in der West- und Hohen Tatra und zugleich die Endstation der elektrischen Tatrabahn (TEŽ). Zu einiger Berühmtheit gelangte der höchstgelegene Tatraort am gleichnamigen See („Tschirmer See") 1970, als die Ski-WM hier ausgetragen wurde. Von ihr zeugen heute noch die Skisprungschanzen nördlich des Sees.

⌘ Zwischen Štrbské Pleso und Tatranská Štrba 🛏 🍴 🚆, dem Sitz der Tatra-Nationalparkverwaltung, fährt eine der zwei Zahnradbahnen der Slowakei. Die meterspurige „Zubačka" überwindet auf 4,7 km 451 Höhenmeter bis hinunter nach Tatranská Štrba.

✋ Falls Sie in Štrba übernachten möchten, sollten Sie wissen, dass die eigentliche Gemeinde Štrba ca. 3,8 km südlich vom Teilort Tatranská Štrba liegt und nicht mit der Zahnradbahn erreichbar ist. Es gibt zwar eine Zugverbindung zwischen beiden Orten, doch diese ist nicht wirklich auf den Zahnradbahntakt abgestimmt und verkehrt nur selten.

Ost-West-Querung (Teil 2)

1. Etappe: Štrbské pleso – Popradské pleso

15,3 km, 6 Std. 50 Min., ↑ 1.308 m, ↓ 1.053 m, ⇧ 1.347-2.499 m

0,0 km	⇧ 1.347 m	Štrbské pleso
1,6 km	⇧ 1.481 m	Trigan
4,3 km	⇧ 1.500 m	Popradské pleso
7,6 km	⇧ 1.919 m	Vel'ké Žabie pleso
9,0 km	⇧ 2.250 m	Chata pod Rysmi
9,8 km	⇧ 2.499 m	Rysy
15,3 km	⇧ 1.500 m	Popradské pleso

Heute steigen Sie dem Rysy aufs Dach – und damit gleichzeitig so hoch, wie die markierten Wanderwege der Hohen Tatra Sie bringen können: auf 2.500 m. Früh aufbrechen lohnt sich, denn Sie sind auf dem wohl beliebtesten Wanderweg der Hohen Tatra unterwegs. Der ist zwar im Anstieg fordernd, aber technisch gut machbar: mit der am Gipfel nötigen Trittsicherheit und einem kurzen ketten- und stiegengesicherten Teil kurz vor der Rysy-Hütte. Nur Schneefelder im Hochtalkessel unter dem Rysy können den Weg bis in den Spätsommer hinein erschweren.

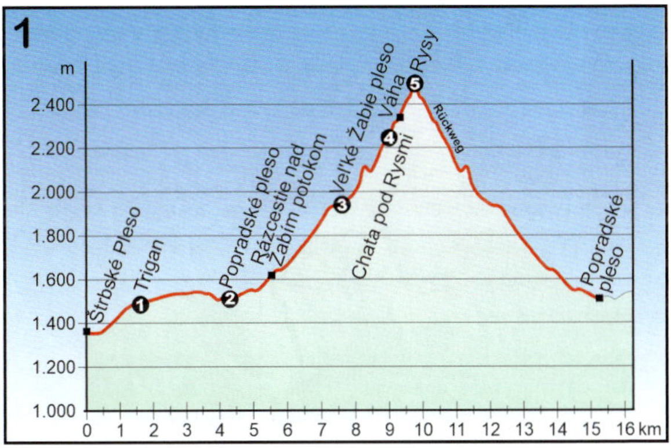

Start ist in Štrbské Pleso bei der Touristeninformation. Gehen Sie einige Meter nordwestlich bis zum Seeufer und folgen Sie dann dem rot gekennzeichneten Weg entlang des Ufers nach Nordosten bis zum Wanderwegweiser, der Sie nun nach rechts führt. Für die nächsten ca. 1 Std. 20 Min. geht es über den **Trigan** ❶ etwa 3,4 km überwiegend durch Wald und leicht bergan zum Wegkreuz beim **Popradské pleso** ❷ (1.500 m, ☞ S. 59).

☺ Während Sie am Popradské pleso eventuell Ihre Reserven auffüllen oder einen Abstecher zum Symbolický cintorín (☞ Tour „Ost-West-Querung (Teil 1)", 4. Etappe, S. 62) machen, können Sie überlegen, ob Sie sich in der Tradition der Sherpas der Hohen Tatra nützlich machen möchten: Am Wegkreuz stehen meist ein paar Tragegestelle mit 10-25 kg Last – z. B. ein Sack Pellets, eine Gaspatrone o. Ä. – für die Hütte unter dem Rysy. Laut Hüttenwirt ist es die letzte in der Hohen Tatra und Europa, die ausschließlich durch Träger beliefert wird. Zur Belohnung gibt es auf der Hütte einen Tee gratis. So steht es auf dem Schild an der Weggabelung. Der Tee darf aber auch mit Schuss sein – und kann je nach geliefertem Material auch in Nahrhafteres umgewandelt werden.

Material am Wegesrand zur Rysy-Hütte für alle, die sich als Sherpa versuchen möchten

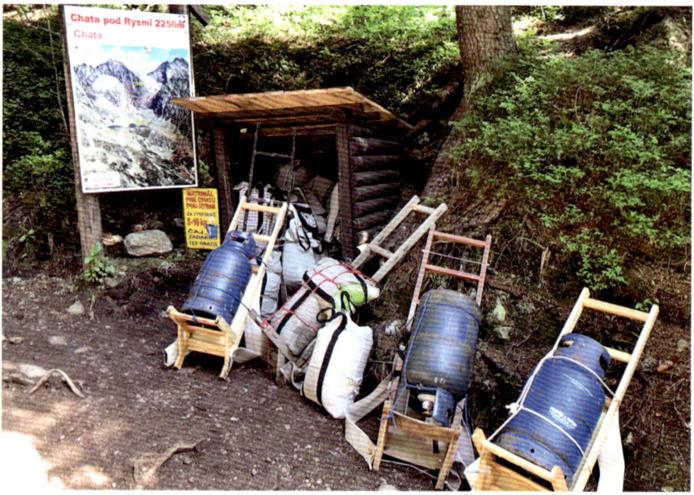

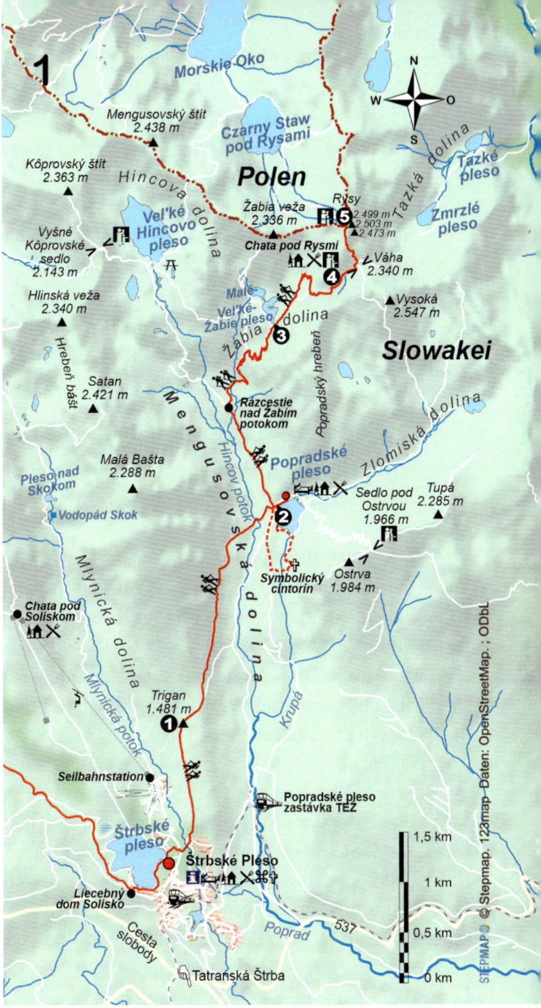

Ab der Weggabelung nehmen Sie den blau markierten Weg in Richtung Rysy, dem Sie für gut 100 Höhenmeter und ca. 1,2 km zum nächsten Abzweig im Mengusovská dolina folgen. Hier trennen sich die Wege zu den beiden Gipfeln Kôprovský štít und Rysy. Sie wählen den roten Weg nach rechts.

Der Weg gewinnt nun schneller an Höhe und führt in Kurven unterhalb des Popradský-hrebeň-Kamms im Osten aufwärts ins Žabia dolina und die Ebene Kotlina Žabich plies („Froschseenkessel“), an deren See **Vel'ké Žabie pleso ❸** Sie über große Felsbrocken rechts vorbeigehen.

Der Weg steigt weiter an und führt in einer Kurve nach Süden, wo Sie etwa 1 Std. 15 Min. und 2,5 km nach dem Abzweig vor einem Anstieg über Leitern, Treppen und Eisenketten stehen. Rund 200 m höher und eine lange Linkskurve weiter sehen Sie ca. 2 Std. 30 Min. nach Start in Popradské pleso schon die Hütte **Chata pod Rysmi ❹** im Kotlinka pod Váhou, einem kleinen Hochtalkessel südwestlich des Váha-Passes auf 2.340 m, an dem Sie auf Ihrem Weg zum Rysy vorbeigehen.

Die 1932 erbaute Hütte wird vom Hüttenwirt Viktor Beránek betrieben, der u. a. als Lastenträger für die Hüttenversorgung berühmt geworden ist. Die Hütte wird laut Viktor täglich von fünf Trägern versorgt (den über 60-Jährigen eingeschlossen), die je 80 kg für 70 Cent pro Kilogramm hinaufschleppen (☞ auch S. 37). Wanderer schultern täglich bis zu 25 kg am Wegkreuz beim Popradské pleso. Gewissermaßen berühmt ist auch das Toilettenhäuschen mit Panoramablick über den Talkessel, den Vysoká-Gipfel ganz links (2.547 m) und das Mengusovská dolina rechts unten. Um es zu erreichen, müssen Sie von der Hütte knapp 100 m nach Westen wandern.

☺ Ziehen Sie sich wegen der Wartezeiten warm an und nehmen Sie Waschzeug mit: An der Rückseite des Häuschens befindet sich die einzige Waschgelegenheit der Hütte!

Die Chata pod Rysmi hat 36 Schlafplätze. Ü im MBZ ab € 24, ÜF ab € 29, HP ab € 37, Reservierung nur per SMS und Vorabüberweisung von € 20 unter ☏ +421/903 18 10 51, www.chatapodrysmi.com

Gehen Sie ab der Hütte ca. 45 Min. bzw. gut 800 m weiter über den Sattel Váha, dort links ab und am Rysy-Südostkamm entlang bergan. Haben Sie dabei gut auf die roten Markierungen achtgegeben, stehen Sie nun auf dem polnischen und nordwestlichsten Gipfel des **Rysy** ❺ (2.499 m), der Trittsicherheit fordert, aber keine größeren wandertechnischen Herausforderungen birgt. Wenige Meter südöstlich und ebenso gut erreichbar ist mit 2.503 der höchste des Dreiergipfels, der wieder in der Slowakei liegt. Der dritte Gipfel liegt knapp südöstlich darunter auf 2.473 m.

Mit etwas Wetterglück haben Sie erstklassige Aussichten auf den polnischen Tatrateil mit Morskie Oko samt der markanten Holzhütte und dem darüberliegenden Czarny Staw pod Rysami im Nordwesten sowie auf den Bergrücken Volí chrbat mit dem Žabia veža im Westen, der mit 2.336 m über den Ihnen schon vom Aufstieg bekannten Seen des Kotlina Žabich plies in den Himmel ragt. Beeindruckend schön ist auch der Blick auf das wilde Tal Tazká dolina mit seinen beiden Seen östlich des Rysy-Bergkamms.

Zurück nehmen Sie denselben Weg bis Popradské pleso (☞ Tour „Ost-West-Querung (Teil 1)“, 3. Etappe, S. 59).

☺ Falls Sie die durchaus anstrengende Gipfeltour zum Kriváň morgen um eine gute Stunde verkürzen möchten, bietet sich der Abstieg zum Štrbské pleso (☞ Tour „Ost-West-Querung (Teil 1)“, 4. Etappe, S. 62) an.

2. Etappe: Popradské pleso – Tri studničky

20 km, 8 Std. 25 Min., 1.291 m, 1.651 m, 1.140-2.495 m

0,0 km	1.500 m	Popradské pleso
4,3 km	1.347 m	Štrbské pleso BANK
7,3 km	1.457 m	Rázcestie pod Furkotou
9,5 km	1.448 m	Jamské pleso
13,1 km	2.120 m	Rázcestie Kriváňskom Žľabe
14,2 km	2.495 m	Kriváň
15,9 km	1.982 m	Abzweig zum Vyšná priehyba
18,6 km	1.440 m	Abzweig zum Partizánsky Bunker ⌘
20,0 km	1.140 m	Tri studničky P

Auf dem Gipfel des Kriváň

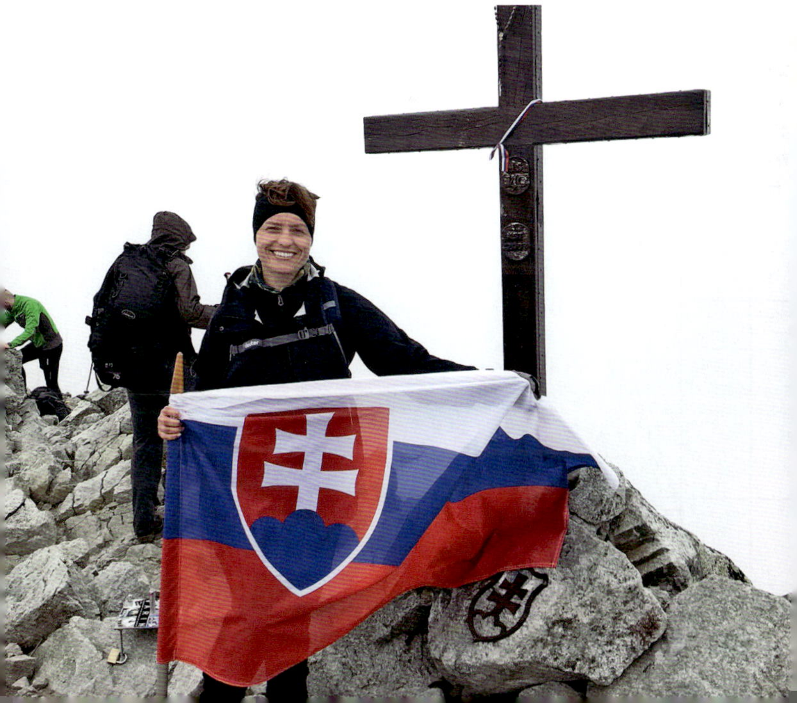

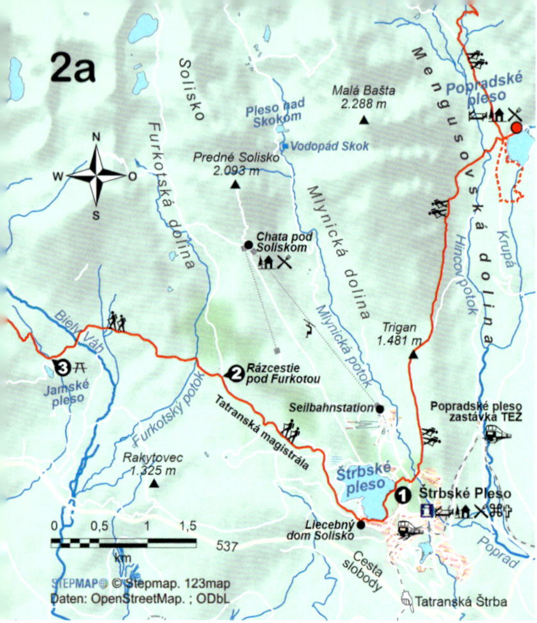

Auf dieser letzten Etappe der Ost-West-Querung geht es nicht einfach nur um einen weiteren Gipfel: Seit den Freiheitsbestrebungen zu Zeiten des Habsburgerreichs im 19. Jh. steht der Kriváň (Krummhorn) symbolhaft für das slowakische Nationalbewusstsein. Bis heute wird jeden August besonders der Kämpfer des slowakischen Nationalaufstands im Zweiten Weltkrieg gedacht, indem Hunderte den Gipfel besteigen und dabei die slowakische Freiheit mit Gesang und Gedichten ehren. Eine nicht zu unterschätzende Unternehmung mit einem steilen Auf- und Abstieg auf glatten Felspartien kurz unter dem Gipfel.

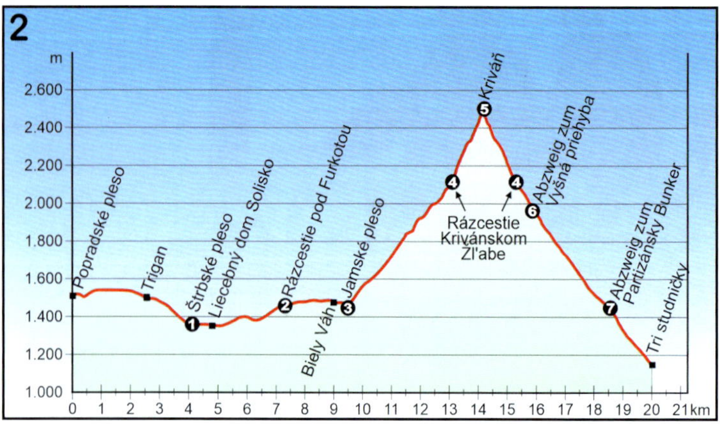

Zunächst steigen Sie wie in der 4. Etappe der ☞ „Ost-West-Querung (Teil 1)“ auf S. 62 beschrieben zum **Štrbské pleso ❶** ab. Hier gehen Sie nach Süden um den See herum, weiter der Tatranská magistrála mit der roten Markierung folgend. Bevor das Ufer im Westen des Sees nach Norden verläuft, führt der Weg geradeaus zu einer Weggabelung.

Nach der Beschilderung des Wegweisers Liecebný dom Solisko gehen Sie rechts weiter auf dem roten Weg in Richtung Jamské pleso. Der Weg verläuft nach Nordwesten und passiert nach etwa 3,3 km und gut 30 Min. ab Štrbské pleso den Eingang zum Furkotská-Tal mit dem Wegkreuz **Rázcestie pod Furkotou ❷**. Dann quert er den Biely váh, der dem Zelené Kriváňske pleso im Kessel östlich des Kriváň-Massivs entspringt, und erreicht nach 4,5 km und gut 1 Std. ab Štrbské pleso den Wanderwegweiser am **Jamské pleso ❸**, bis hierhin ohne nennenswerten Anstieg auf eine Höhe von 1.448 m.

Indem Sie der blauen Markierung zum Kriváň folgen, wandern Sie auf 2,3 km gut 450 Höhenmeter nach oben, bis Sie nach etwa 1 Std. 10 Min. ab Jamské pleso von dem bewaldeten Rücken Pavlov chrbát auf die offene Felsenlandschaft unterhalb des Malý Kriváň (2.335 m, Kleiner Kriváň) zulaufen. Über einen Bogen nach Westen erklimmen Sie den Weg in die Rinne zwischen dem südwestlichen und dem südlichen Kamm des Kriváň-Massivs.

Nach weiteren 1,3 km und ca. 35 Min. treffen sich die Aufstiege vom Jamské pleso und von Tri studničky, dem heutigen Etappenziel, am Wegkreuz **Rázcestie Krivánskom Žľabe ❹** (2.120 m). Es steht mitten in der gleichnamigen Rinne, die so schottrig ist, dass der Weg nicht mehr wie früher direkt hinauf zum Daxnerovo sedlo auf 2.325 m führt, sondern zunächst nach rechts über trittfesteres Felsgestein.

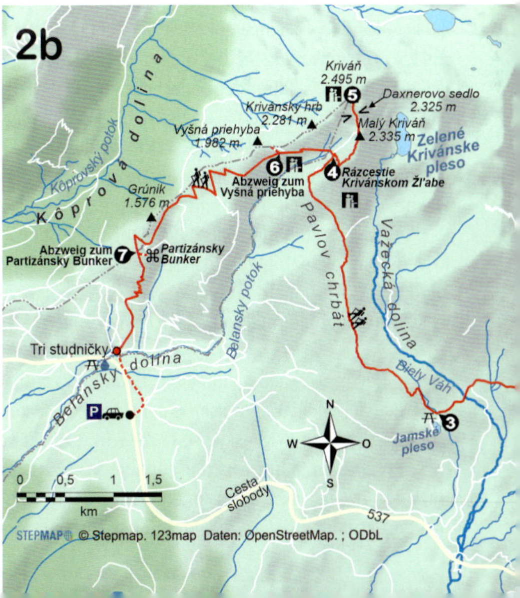

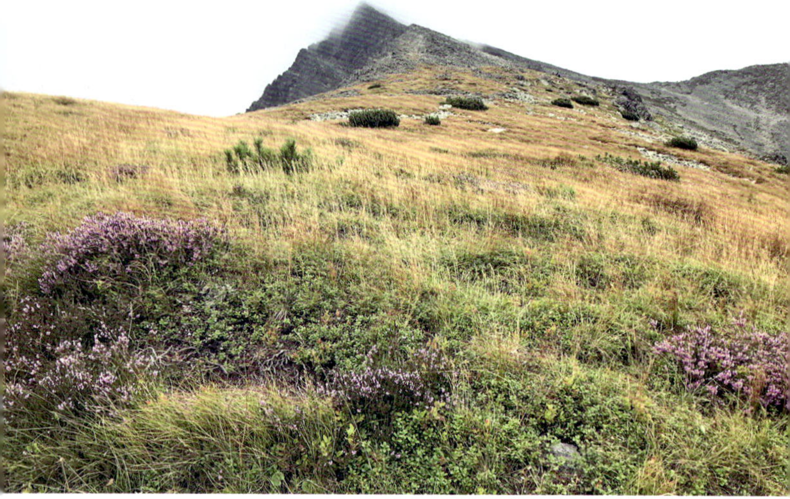

Kriváň von Südwesten

Auf dem Südkamm geht es nach links, wo Sie etwa 30 Min. und 680 m nach dem letzten Wegkreuz auf dem Malý Kriváň stehen. Sie passieren den Daxnerovo sedlo und machen sich an den Schlussaufstieg über die steile und etwas glatte Felsflanke. Nach noch einmal gut 30 Min. stehen Sie am Gipfelkreuz des **Kriváň** ❺ auf 2.495 m, von wo aus Sie bei ordentlicher Sicht so ziemlich alle Gipfel der östlich gelegenen Hohen Tatra, der benachbarten westlichen und der gegenüberliegenden Niederen Tatra überblicken und weit bis ins Liptauer Land schauen können. Sehr wahrscheinlich können Sie an dem Kreuz, das dem Doppelkreuz der slowakischen Nationalflagge entspricht, auch einige Gipfelbesteiger sehen, die ihre mitgebrachte Flagge entrollen, mit ihr für ein Foto posieren und sie am Kreuz drapieren.

Für den rund 1 Std. und 1 km langen Abstieg bis zum Wegkreuz Rázcestie Krivánskom Žľabe nutzen Sie denselben Weg. Dann wählen Sie die grüne Markierung in Richtung Tri studničky. Sie führt Sie aus der riesigen Rinne hinaus und in Kehren hinab zum Grúnik (1.576 m).

➪ Bevor Sie wieder unter die Baumgrenze absteigen, sollten Sie sich etwa 640 m nach dem Wegweiser einen kleinen Abstecher nach rechts ❻ auf die Anhöhe zwischen Krivánsky hrb (2.281 m, „**Höcker des Kriváň**") und Vyšná priehyba (1.982 m, „hohes Joch") gönnen. Von hier aus haben Sie nicht nur einen Blick zurück auf den imposanten Südwestkamm samt Gipfel (der von hier gar nicht so krumm aussieht), sondern auch ins sattgrün bewaldete Kôprová-Tal.

die Pflanzenwelt der Hohen Tatra unter die Lupe genommen hat. Im Norden und Westen der Seen ragen die Gipfel von Furkotský štít (2.404 m) und Ostrá (2.351 m) auf dem Kamm Kozí chrbat in den Himmel – eine massiv und unbezwingbar wirkende Bergwand.

Etwa 2,9 km und 1 Std. 10 Min. nach Querung der Bystrá-Scharte zweigt am Wegkreuz **Rázcestie Škutnastá pol'ana** ❺ links ein blau markierter Weg ab. Sie folgen ihm ca. 15 Min. hinauf und sind am heutigen Ziel angekommen.

Nun haben Sie die Möglichkeit, in der jüngsten, 1946 fertiggestellten Tatrahütte der Slowakei, der **Chata pod Soliskom**, zu übernachten. Bis 21:00 hat sie allerdings Restaurantbetrieb. Erst danach wird im Speisesaal der Schlafraum mit elf Plätzen (auf den Tischen!) hergerichtet (Ü € 20, ÜF € 26). Oder Sie wählen die Luxusvariante Doppelzimmer (Ü € 100). ☏ +421/917 65 54 46, +421/907 94 94 42, chatasolisko@gmail.com, www.chatasolisko.sk, ganzjährig

Alternativ fahren Sie mit dem Sessellift zur Übernachtung ins Tal nach Štrbské Pleso (und für die zweite Etappe am nächsten Tag wieder hinauf). Juni und Sep 8:30 bis 16:30, Juli und Aug 8:30 bis 18:00, Fahrt zur Chata pod Soliskom und zurück ab € 13, nur hin ab € 10, nur zurück ab € 8 (für Online-Bucher über das Gopass-System: www.gopass.sk (slowakisch, polnisch, englisch), direkt am Schalter etwas teurer)

Oder Sie steigen über den blau markierten Weg parallel zum Lift in ca. 1 Std. 20 Min. nach Štrbské Pleso ab. Informationen zum Ort finden Sie in der Tour ☞ „Ost-West-Querung (Teil 1)", 4. Etappe, auf S. 63 f.

2. Etappe: Chata pod Soliskom – Štrbské pleso

11,2 km, 3 Std. 30 Min., ↑ 310 m, ↓ 855 m, ⇧ 1.347-2.093 m

0,0 km	⇧ 1.830 m	Chata pod Soliskom
0,8 km	⇧ 2.093 m	Predné Solisko
2,4 km	⇧ 1.710 m	Rázcestie Škutnastá pol'ana
4,1 km	⇧ 1.457 m	Rázcestie pod Furkotou
5,9 km	⇧ 1.458 m	Odbočka na Biely Váh
6,3 km	⇧ 1.448 m	Jamské pleso
11,2 km	⇧ 1.347 m	Štrbské pleso BANK

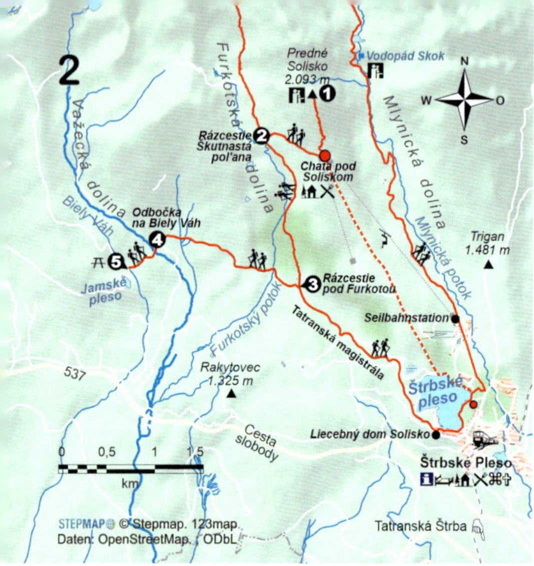

Auf einem leicht erreichbaren Gipfel mit Blick auf das Mlynická-Tal samt Wasserfall und bei einem geruhsamen Picknick mit Bergkulisse am Jamské pleso können Sie heute einen entspannteren Gang einlegen. Es geht überwiegend bergab. Falls Sie dabei lieber die Beine baumeln lassen möchten, ist die Abfahrt von der Hütte mit dem Sessellift eine Alternative.

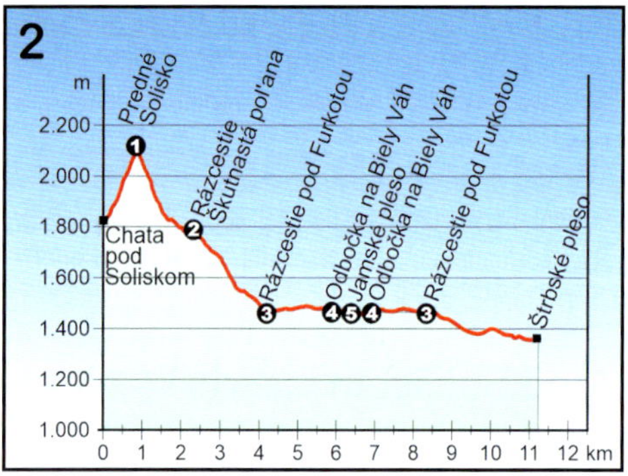

Von der Hütte **Chata pod Soliskom** führt Sie der rot markierte Weg in gut 800 m hinauf zum **Predné Solisko ❶**, dem vorderen Gipfel des Solisko-Kamms mit 2.093 m Höhe. In etwa 40 Min. sind Sie auf dem gut machbaren Weg am Gipfel angekommen, wo Sie ein Gipfelkreuz erwartet.

Nach Nordosten haben Sie einen tollen Blick ins Mlynická-Tal und auf den Wasserfall Skok samt Pleso nad Skokom, die Sie am Vortag erklommen haben. Der Blick zurück nach Süden eröffnet Ihnen einen weiten Blick nicht nur über Štrbské Pleso, sondern über das weite Tatravorland bis zur Niederen Tatra.

Die gut 250 Höhenmeter zur Hütte steigen Sie in etwa 30 Min. wieder hinab. Auf dem blauen Weg, den Sie am Vortag zur Hütte hinaufgekommen sind, geht es nun zurück bis zum Wegkreuz **Rázcestie Škutnastá pol'ana ❷**, ab dem Sie

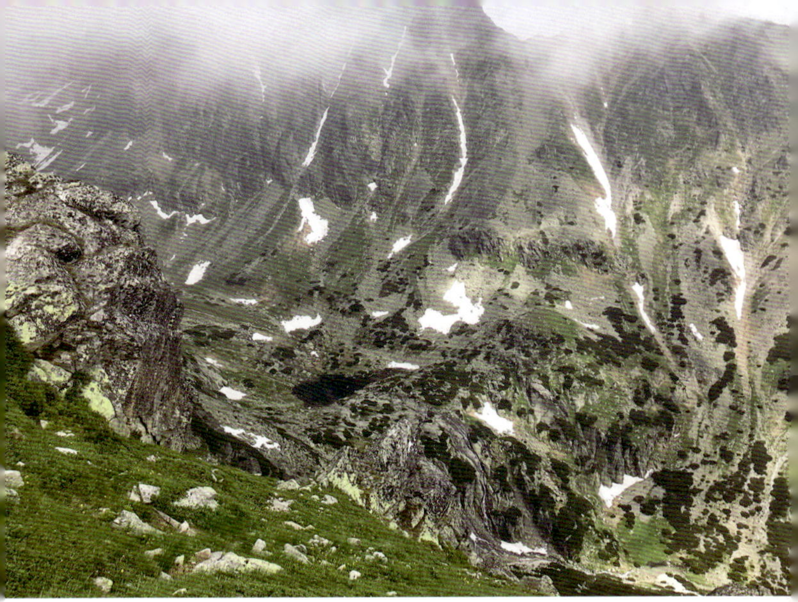

Vodopád Skok vom Aufstieg zum Predné Solisko aus

dem gelben Weg nach Süden folgen. Etwa 1,7 km geht es durch Wald. Nach gut 30 Min. trifft der Weg am Wegkreuz **Rázcestie pod Furkotou** ❸ auf die rot markierte Tatranská magistrála.

Ab hier macht die Etappe einen Abstecher über den Wegweiser **Odbočka na Biely Váh** ❹ zum **Jamské pleso** ❺ ⛩, einem kleinen, aber feinen See ca. 2,2 km weiter westlich, der zum Picknick mit Aussicht auf die Berglandschaft der westlichen Tatra einlädt. Dazu biegen Sie am Wegkreuz noch nicht links nach Štrbské Pleso, sondern rechts ab. Wenn Sie diesen Abstecher auslassen, verkürzt sich die Etappe um ca. 4,4 km und etwa 1 Std.

Zurück am Rázcestie pod Furkotou folgen Sie rund 30 Min. der roten Markierung bis zurück nach **Štrbské Pleso.**

Zur Räuberhütte

1. Etappe: Tatranská Lomnica – Zbojnícka chata

11,1 km, 4 Std. 25 Min., 1.153 m, 49 m, 848-1.960 m

0,0 km	848 m	Tatranská Lomnica
0,9 km	900 m	Seilbahnstation Tatranská Lomnica
5,7 km	1.246 m	Vodopády Studeného potoka
6,3 km	1.301 m	Rainerova chata
8,6 km	1.560 m	Brücke Vel'ký Studený potok
10,2 km	1.834 m	Vareškové pleso
11,1 km	1.960 m	Zbojnícka chata

Die ersten Kilometer können Sie heute auf wenig begangenem, verwunschenem Waldpfad in aller Stille genießen. Rund um die sehenswerten Wasserfälle des Studený potok wird es trubeliger. Aber nur kurz: Den weiteren Weg am Bach entlang ins Vel'ká-Studená-Tal und dann in den Kessel Dlhá kotlina mit der Zbojnícka- bzw. Räuberhütte hinauf nehmen nur ambitioniertere Wanderer auf sich.

Tatranská Lomnica

Von der TEŽ-Station nach Westen und dann auf der Hauptstraße links finden Sie nach ein paar Schritten die Touristeninformation. +421/524 46 81 19, lomnica@tatry.sk, www.tatry.sk, täglich, in der Regel von 8:00 bis 18:00

Im Folgenden finden Sie eine kleine Auswahl an Pensionen und ein günstiges Hotel. Darüber hinaus gibt es im Ort viele Zimmerangebote in Privathäusern und teilweise teuren Hotels.

- Penzion Slalom (ein paar Schritte nordwestlich vom Bahnhof), +421/524 46 72 16, penzion@slalom.sk, www.slalom.sk, Ü ab € 70, ÜF ab € 80
- Penzión Encián (vom Bahnhof auf die Hauptstraße und ein paar Meter nach Westen auf der rechten Seite), +421/524 46 75 20, info@encian.eu, www.encian.eu, Ü ab € 49, ÜF ab € 59

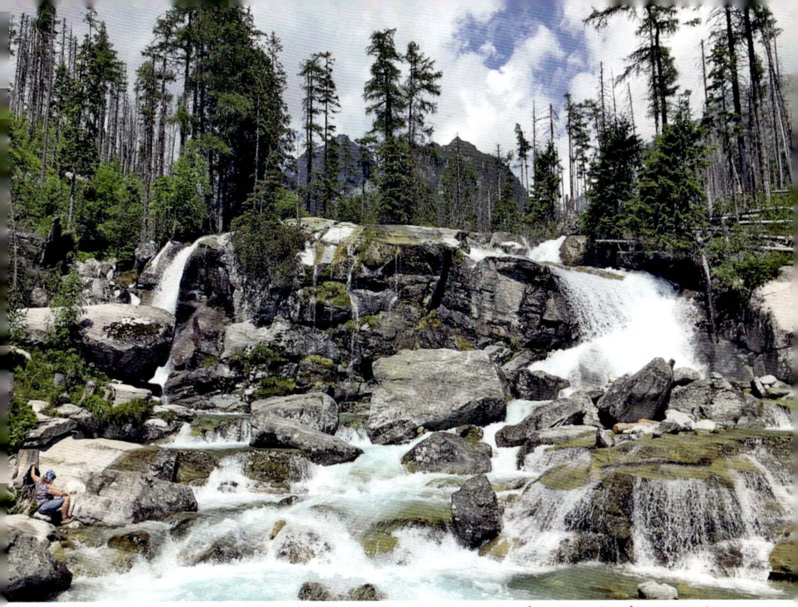

Vodopády Studeného potoka

- 🛏 Penzión Vila Park (vom Bahnhof aus zur Hauptstraße gleich gegenüber), ☏ +421/904 09 38 98, ✉ recepcia@vilapark.sk, 💻 www.vilapark.sk, Ü ab € 74, ÜF ab € 79
- ♦ Als Hotel im Retrostil wirbt das Hotel Morava mit 240 Betten und einem gemütlichen Plattenbaucharme für sich (vom Bahnhof ca. 800 m zu Fuß in Richtung Nordwesten hinter dem Park). ☏ +421/524 46 76 41, ✉ recepcia@hotel-morava.sk, 💻 www.hotel-morava.sk, ÜF ab € 34, 2 Nächte mit HP ab € 63
- ☺ In den gut mit Bus oder TEŽ erreichbaren umliegenden Dörfern entlang der Hauptstraße finden sich meist günstigere Übernachtungsmöglichkeiten, z. B. in
- ♦ Tatranská Kotlina: ☞ „Süd-Nord-Ost-Querung über den Tatrahauptkamm", 3. Etappe, S. 107 f.
- ♦ Tatranská Lesna: ☞ „Auf den nordöstlichsten Gipfel Jahňaci štít", 2. Etappe, S. 93

Die Berggemeinde ist wie Starý Smokovec und Štrbské Pleso ein wichtiges Zentrum der slowakischen Hohen Tatra mit zahlreichen Übernachtungsmöglichkeiten, einigen Restaurants und Cafés, einem Skimuseum gleich in der Nähe des Bahnhofs (🚪 täglich 9:00 bis 18:00) und dem Museum des Tatra-Nationalparks TANAP, zu dem Sie vor dem östlichen Ortsausgang am Hotel Tulipán rechts nach

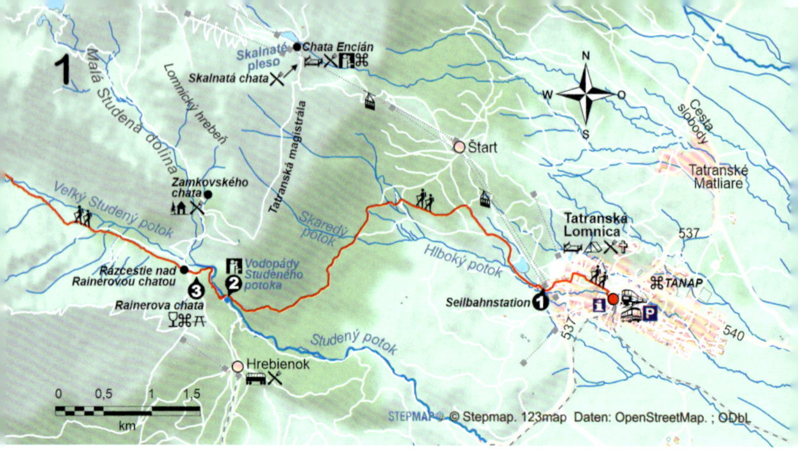

Südosten abbiegen (Mai bis Sep 9:00 bis 17:00, Okt bis April 8:30 bis 12:00 und 13:00 bis 16:00). Nördlich der Hauptstraße gibt es einen botanischen Garten und im Nordwesten des Ortes, nahe dem Hotel Sasanka, finden Sie die Seilbahnstation, wo Sie Tickets für Fahrten zum Skalnaté pleso und weiter zur Lomnický štít kaufen können (etwas teurer als der Onlinekauf, ☞ S.115 ff.). Im Zentrum haben Sie mit einem großen Busbahnhof und der östlichen Endhaltestelle der TEŽ viele Möglichkeiten zur Weiterfahrt.

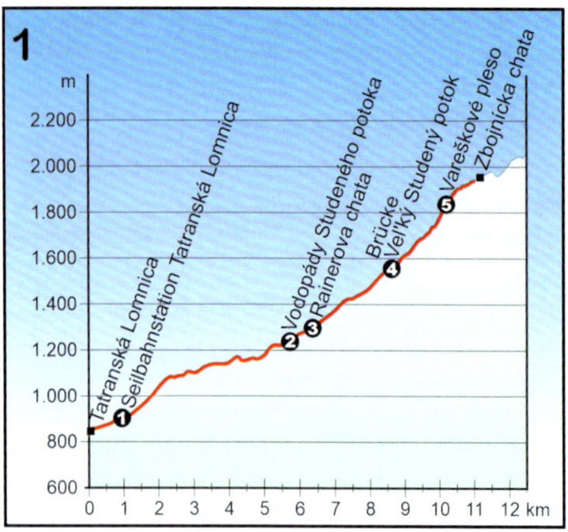

Sie starten am Wanderwegweiser, der sich gleich nordwestlich gegenüber dem TEŽ-Bahnhof befindet. Ihr Weg zu den Vodopády Studeného potoka ist mit blauer Markierung ausgewiesen. Er führt weiter nordwestlich durch ein kurzes Stück Park aus dem Ort heraus, nach rund 800 m nach links und am Hotel Morava vorbei, dann wieder nach rechts und südlich um die **Seilbahnstation ❶** herum.

Jetzt geht es weiter nach Nordwesten, bis der Weg 2,2 km und rund 40 Min. ab Start eine Linkskurve nach Westen macht. Sie wandern nun für ca. 2,7 km bzw. 45 Min. auf relativ ebenem, wurzeldurchsetztem Waldpfad durch lichten Fichtenmischwald, der vielen Blau- und Himbeersträuchern Raum bietet.

Nach der Stille des verwunschen scheinenden Wegs hören Sie jetzt das Rauschen der **Vodopadý Studeného potoka** ❷. Es sind die Wasserfälle des Bachs Studený potok, der Sie bei Ihrem Aufstieg ins Tal Vel'ká Studená dolina begleiten wird. Der Weg macht nun eine Rechtskurve. Etwa 700 m weiter quert der Weg den Bach über eine Gitterbrücke, von der Sie die erste hinabtosende Wasserstufe auf sich wirken lassen können. Nach der Brücke nehmen Sie weiter den blauen Weg nach rechts und kommen ca. 600 m später zur **Rainerova chata** ❸.

Informationen zur Hütte finden Sie in der Tour ☞ „Ost-West-Querung (Teil 1)“, 2. Etappe, auf S. 52.

Waldweg zu den Wasserfällen

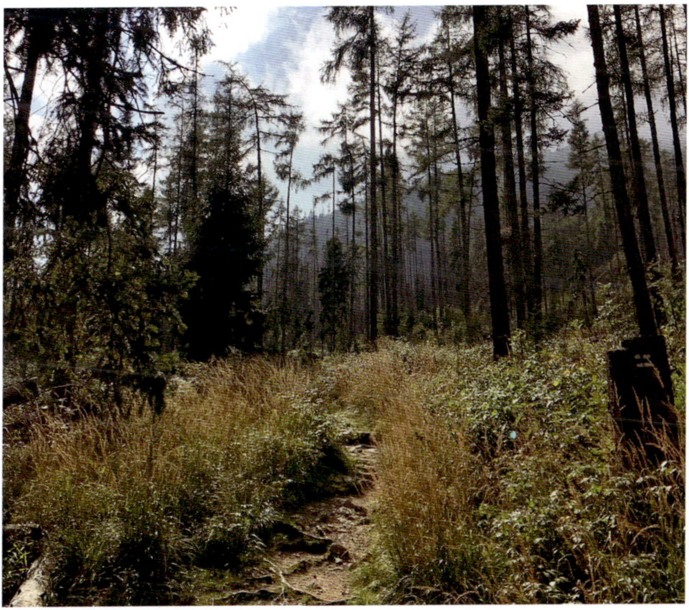

Ein paar Minuten später erreichen Sie das Wegkreuz Rázcestie nad Rainerovou chatou. Ab hier folgen Sie der Wegbeschreibung der ☞ 2. Etappe der Tour „Ost-West-Querung (Teil I)“ auf S. 53 f. samt **Brückenquerung des Veľký Studený potok ❹** und Wanderung am **Vareškové pleso ❺** entlang bis zum Etappenziel.

2. Etappe: Zbojnícka chata – Tatranská Polianka

11,8 km, 6 Std. 40 Min., ↑ 620 m, ↓ 1.576 m, ⇧ 990-2.429 m

0,0 km	⇧ 1.960 m	Zbojnícka chata
2,1 km	⇧ 2.290 m	Sedlo Prielom
2,9 km	⇧ 2.200 m	Poľský hrebeň
3,5 km	⇧ 2.429 m	Východná Vysoká
7,2 km	⇧ 1.670 m	Velické pleso
9,2 km	⇧ 1.304 m	Rázcestie na Velickom moste
11,8 km	⇧ 990 m	Tatranská Polianka

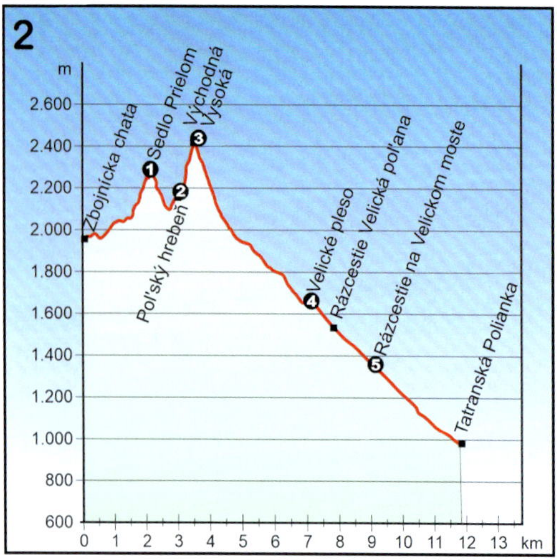

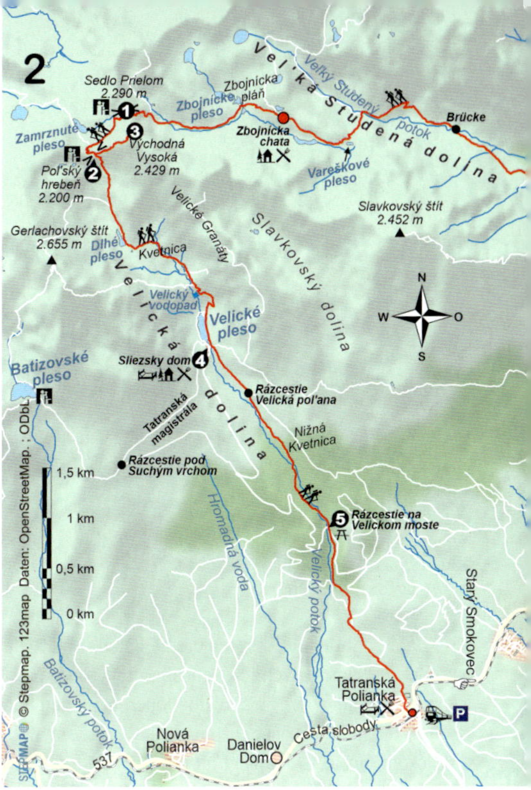

Über gleich zwei Pässe geht es heute vom Veľká Studená ins Velická dolina. Für den ersten, die Prielom-Scharte, sollten Sie wegen des steilen, schottrigen Anstiegs und des ebenso steilen, kettengesicherten Abstiegs etwas Zeit einplanen. Der zweite Pass Poľský hrebeň ist problemlos, ebenso der Aufstieg zum wunderbaren Aussichtsgipfel Východná Vysoká mit kurzer, gesicherter Kletterei. Die erwartet Sie auch beim Abstieg in die oberste Talstufe des vom Gerlachovský dominierten Tals. Ein schöner Schlussteil durch hohen Wald am rauschenden Velický potok entlang entschädigt fürs viele Bergabgehen.

Bis zum Velické pleso verläuft diese Etappe wie die ☞ 3. Etappe der Tour „Ost-West-Querung (Teil 1)“ ab S. 54 über den **Prielom-Pass** ❶ und den **Poľský hrebeň** ❷. Dabei sollten Sie sich bei der heute nicht ganz so langen Etappe den Aufstieg auf den Východná Vysoká ❸ mit Aussicht auf den Tatrakönig Gerlach und das weitere Spitzenpanorama nicht entgehen lassen. Der Gipfel ist deshalb Teil dieser Etappe. Ab dem **Velické pleso** ❹ steigen Sie den Talausgang des Velická dolina hinab. Der grün ausgewiesene Weg führt Sie vom Wanderwegweiser am Berghotel Sliezsky dom (☞ S. 57) in Richtung Südosten. Zunächst wandern Sie über die Vyšná Velická poľana und durch flachen Latschenkiefernwald bergab zur Nižná Kvetnica („niederer Blumengarten“), einem Vorläufer der Kvetnica, die Sie in der Talstufe vor dem Abstieg zum Velické pleso durchquert haben.

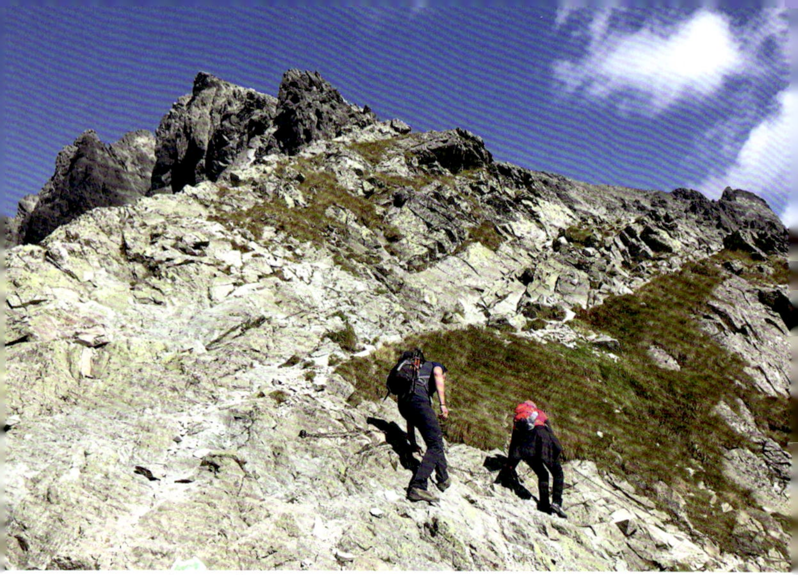

Am Pol'ský hrebeň

Bald geht der Wald in höheren Fichten- und Kiefernwald über und führt über große Gesteinsbrocken links entlang des Velický potok bergab. Etwa 1,6 km und knapp 40 Min. nach Sliezsky dom queren Sie den Bach. Nach einer zweiten Querung kurz darauf kommen Sie zum Wegweiser und Rastplatz **Rázcestie na Velickom moste ❺**. Er liegt an der Asphaltstraße, die zum Berghotel führt, aber nur für Hotellieferungen und Hol-und-Bring-Dienste zum Hotel frei ist.

Während Sie für die nächsten 2,4 km und knapp 50 Min. weiter dem grünen Weg nach Süden folgen, quert dieser die Straße zwei Mal.

Das letzte Stück führt er auf ihr nach **Tatranská Polianka** . Hier überqueren Sie die Schnellstraße Cesta Slobody, um zum Bahnhof zu kommen.

Da die Übernachtungs- und Einkehrmöglichkeiten in dem einst beliebten Kurort überschaubar sind, empfiehlt es sich, mit der TEŽ in Richtung Starý Smokovec (☞ S. 110 f.) oder Štrbské Pleso (☞ S.63 f.) weiterzufahren.

Im Ort selbst bietet das Kurhotel Tivoli nur wenige Meter westlich vom TEŽ-Bahnhof Zimmer an. ☏ +421/911 70 09 33, info@kurhoteltivoli.com, www.kurhoteltivoli.com, ÜF ab € 65

Auf den nordöstlichsten Gipfel Jahňaci štít

1. Etappe: Biela Voda – Zelené pleso

13,8 km, 6 Std. 35 Min., 1.356 m, 709 m, 925-2.230 m

0,0 km	925 m	Bushaltestelle Biela Voda zastávka SAD
3,2 km	1.200 m	Wegkreuz Rázcestie Šalviový prameň
7,0 km	1.610 m	Vel'ké Biele pleso
9,0 km	1.551 m	Zelené pleso
9,8 km	1.811 m	Červené pleso
11,0 km	2.118 m	Kolový priechod
11,4 km	2.230 m	Jahňaci štít
13,8 km	1.551 m	Zelené pleso

Nach einem beschaulichen Waldpfad mit gelegentlichem Blick auf die näher rückende Gipfelwelt am Talende des östlichsten Haupttals der Hohen Tatra kommen Gipfelfreunde ab dem leuchtend türkisgrünen Zelené pleso auf ihre Kosten. Über das Červená dolina und eine kettengesicherte Scharte geht es zum relativ leicht erwanderbaren nordöstlichsten Aussichtsgipfel der Hohen Tatra, der Jahňaci štít.

Zum Start dieser Tour fahren Sie mit dem Bus (Linie 706425 des Unternehmens SAD oder Busse der Zakopane-Poprad-Verbindung von Strama, S. 40) zum Parkplatz **Biela Voda** am Eingang zum Tal Dolina Kežmarskej Bielej vody, der wenige Kilometer nordöstlich des Skiorts Tatranská Lomnica liegt (S. 80 f.).

Sie wandern den Gebirgsbach Kežmarská Biela voda aufwärts, passieren ihn nach etwa 2,3 km über eine Brücke und kommen nach weiteren gut 800 m an die Wegkreuzung **Rázcestie Šalviový prameň** ❶. Ab hier gehen Sie auf dem blauen Weg weiter. Dieser Aufstieg zum beliebten Zelené pleso ist eindeutig ruhiger als der auch für Fahrräder geeignete Weg mit gelber Markierung.

Ab dem Wegkreuz können Sie entweder geradeaus weitergehen oder wie beim gelben Weg auf einer Variante des blauen Wegs nach links abbiegen. Nach 1,2 km führt die blaue Markierung dann nach Nordosten und zurück auf den ursprünglichen blauen Weg.

Ab Rázcestie Šalviový prameň wandern Sie etwa 2,8 km und rund 1 Std. auf ruhigem Waldpfad, der von Lichtungen mit Ausblicken auf die Bergwelt, zu der auch das heutige Gipfelziel Jahňaci štít gehört, unterbrochen wird.

Dann führt der Weg für etwa 1 km und 30 Min. neben dem Bach Biely potok steiler über Gestein aufwärts und erreicht das Dolina Bielych plies (Weißseental), ein Hochtal des Dolina Kežmarskej Bielej vody. Sie kommen zu einem der namensgebenden Seen, dem **Vel'ké Biele pleso** ❷ ⩛ (1.610 m).

Rast beim Vel'ké Biele pleso

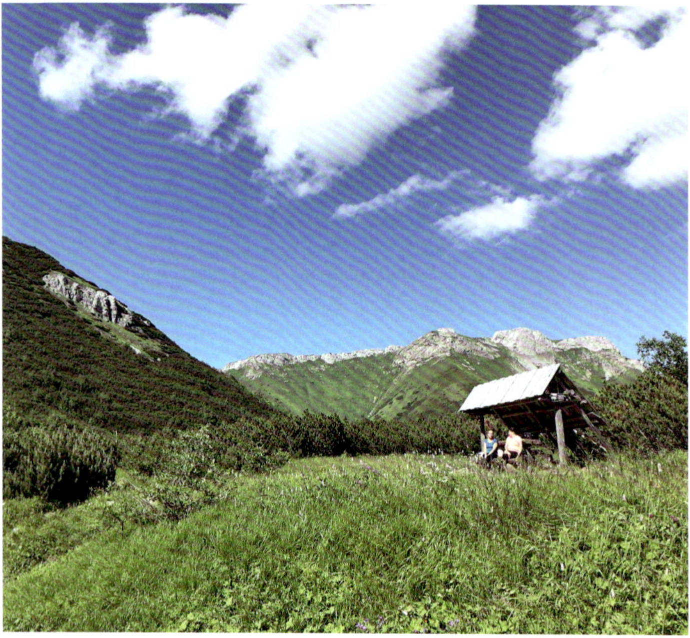

Von hier geht es weiter der roten Markierung nach. Der Weg biegt bald nach rechts auf den steinigen Pfad zur beliebten Hütte Chata pri Zelenom plese (Grünseehütte) ab – entsprechend viele Wanderer begegnen Ihnen hier bei passablem Wetter. Ca. 20 Min. später stehen Sie nach der letzten Wegbiegung unvermittelt vor der Hütte am tatsächlich leuchtend grünen See **Zelené pleso**.

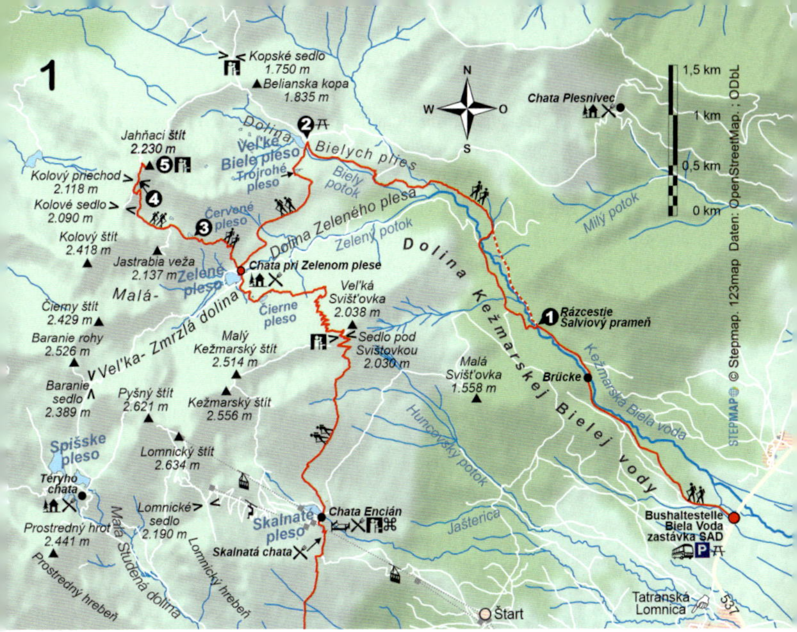

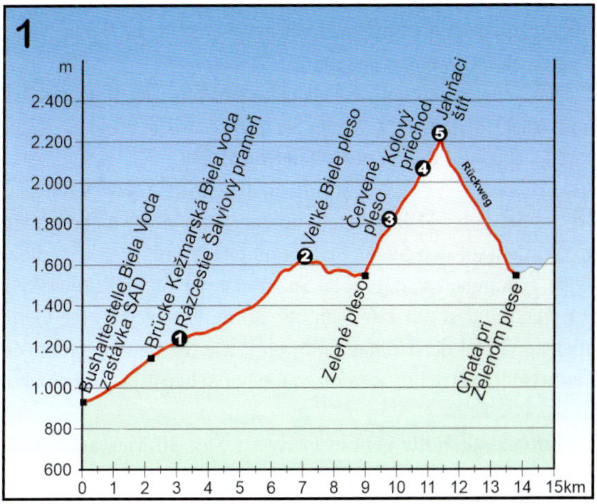

Von der Chata pri Zelenom plese starten Sie auf dem gelb markierten Weg Richtung Červena dolina und Jahňaci štít. Es geht schon bald steil und steinig bergauf, erst durch Bergkiefern, mit denen Sie auf dem engen Weg immer wieder Berührung haben, dann in offenerem Gelände. Nach etwa 1 km kommen Sie links am **Červené pleso** ❸ (Roter See) auf 1.805 m Höhe vorbei, während vor Ihnen die Ebene des kleinen Hochtals Červená dolina liegt.

Sie können nun den Weg durch den Hochtalkessel hinauf zur **Scharte Kolový priechod** ❹ (2.118 m) sehen, über die Sie zur **Jahňaci štít** kommen. Sind Sie im Juni oder Anfang Juli unterwegs, sehen Sie wahrscheinlich auch ein paar Schneefelder, die Sie queren müssen, allerdings auf wenig steilem Gelände. Der Anstieg zur Scharte ist dafür dann eher vertikal und an den glatten Felswänden teilweise mit Eisenketten gesichert.

Den Kolové sedlo (2.090 m, tiefster Kammeinschnitt) lassen Sie beim Aufstieg links liegen. Achten Sie beim Abstieg gut auf die gelbe Markierung, um den Abzweig nach links zurück in die Kolový priechod nicht zu verpassen.

Auf dem Kammrücken haben Sie etwa 2 km und gut 500 Höhenmeter ab der Hütte hinter sich gebracht. Jetzt gehen Sie entlang des Kammrückens nach rechts weiter zur Jahňaci štít. Sie überwinden dabei einige steile Passagen, links oder rechts vom Weg geht es meist steil bergab. Trittsicherheit ist also beim etwa halbstündigen Anstieg zum Gipfel gefragt. Umso mehr, wenn Nebel oder Regen die Steine rutschig werden lassen.

Nach einem letzten Rechtsknick des Wegs, nach knapp 2 Std., 2,4 km und rund 680 Höhenmetern, haben Sie den nordöstlichsten auf Wanderwegen begehbaren Gipfel auf 2.230 m Höhe erreicht ❺.

Bei guter Sicht können Sie den Blick in die umliegenden Täler genießen, im Norden auf den Široké sedlo und den Vyšné Kopské sedlo, über die Sie von Ždiar gekommen sind, und im Süden auf die Gipfel Kežmarský štít und Lomnický štít. Letzterer ist mit 2.634 m nur 20 m niedriger als die Gerlachovský štít, der höchste Gipfel der Hohen Tatra, und, wie Sie bei der morgigen Etappe von der Südostseite aus sehen werden, mit einer sehenswerten Seilbahn erreichbar.

Zurück zur Hütte geht es in etwa 1 Std. 30 Min. auf demselben Weg.

Informationen zur Übernachtung in der Chata pri Zelenom plese finden Sie in der Tour ☞ „Ost-West-Querung (Teil 1)“, 1. Etappe, auf S. 49.

2. Etappe: Zelené pleso – Tatranská Lesna

14,1 km, 5 Std., ↑ 517 m, ↓ 1.147 m, ⇧ 905-2.023 m

0,0 km	⇧ 1.551 m	Zelené pleso
2,5 km	⇧ 2.030 m	Sedlo pod Svištovkou
5,2 km	⇧ 1.751 m	Skalnaté pleso ⌘
8,0 km	⇧ 1.475 m	Zamkovského chata
9,6 km	⇧ 1.304 m	Rázcestie nad Rainerovou chatou
9,8 km	⇧ 1.301 m	Rainerova chata ⌘
10,2 km	⇧ 1.246 m	Vodopády Studeného potoka
14,1 km	⇧ 905 m	Tatranská Lesna P

Auf einen fordernden Aufstieg aus dem Tal Dolina Zeleného plesa zum Graspass Sedlo pod Svištovkou folgt bei dieser Etappe ein entspannter, wenn auch etwas längerer Abstieg in den Talausgang des Vel'ká Studená dolina, eines der Haupttäler der Hohen Tatra. Auf den letzten Kilometern werden Sie von mehreren schönen Wasserfällen des Studený potok begleitet.

Zamkovského chata

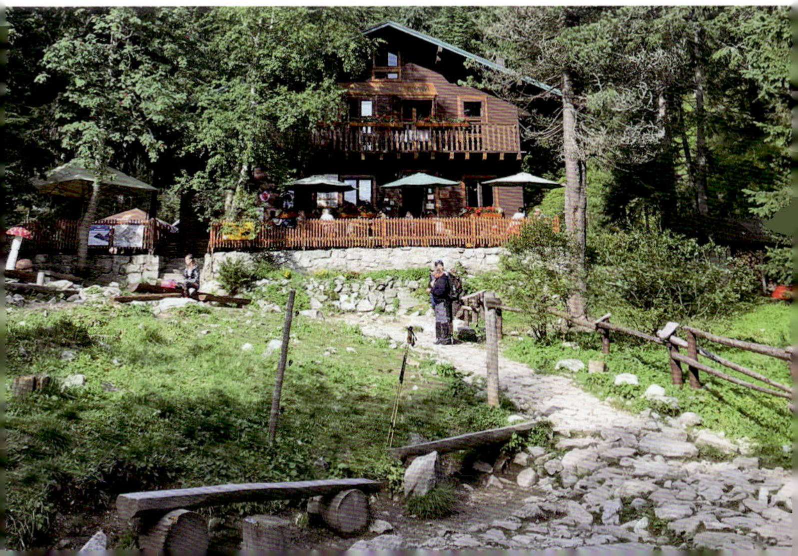

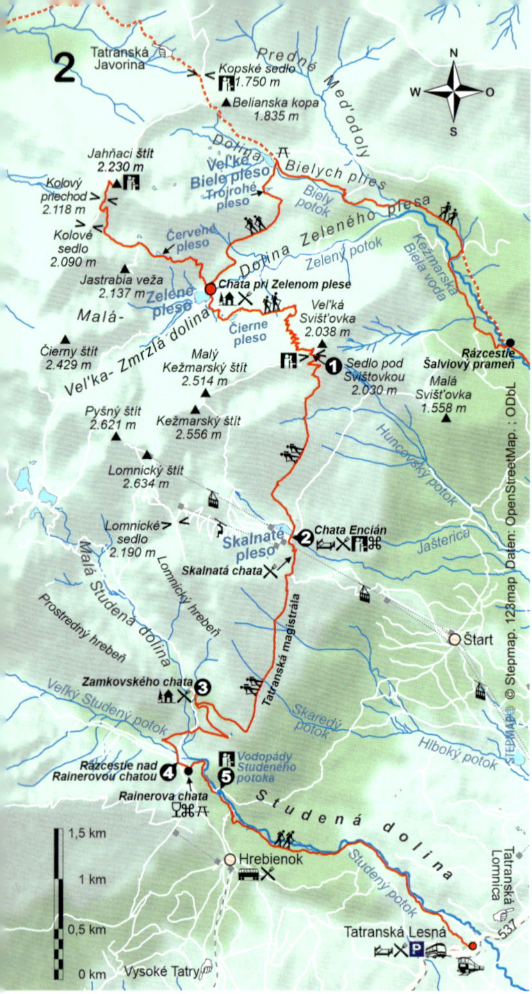

Über den **Sedlo pod Svišťovkou** ❶, **Skalnaté pleso** ❷ und die Hütte **Zamkovského chata** ❸ verläuft diese Etappe bis zum Wegkreuz **Rázcestie nad Rainerovou chatou** ❹ wie in der Tour „Ost-West-Querung (Teil 1)", 2. Etappe, auf S. 50 ff. Ab hier wählen Sie erst die grüne Markierung nach links bzw. Südosten. Nach etwa 200 m kommen Sie an der Rainerova chata vorbei.

🍷⌘⛩ Informationen zur Hütte finden Sie in der Tour ☞ „Ost-West-Querung (Teil 1)", 2. Etappe, auf S. 52.

An den Wasserfällen des Studený potok und mehreren Aussichtsterrassen entlang folgen Sie ab dem **Wegkreuz Vodopády Studeného potoka** ❺ dem gelb ausgewiesenen Weg weiter nach Südosten.

Während Sie rechts am Bach entlangwandern, kommen Sie immer wieder an wunderschönen Uferstellen vorbei. Wenn Sie auf den Steinen in die Mitte des Bachs balancieren, haben Sie einen schönen Blick zurück auf das südliche Ende des Prostredný hrebeň, der die Täler Malá und Veľ'ká Studená dolina trennt (☞ Tour „Wandern und Gondeln über Pass und Gipfel", 1. Etappe, auf S. 109).

Auf einfachem, gelegentlich durch matschige Stellen rutschigem Weg kommen Sie rund 4,5 km und 1 Std. 10 Min. nach dem Wegweiser Rázcestie nad Rainerovou chatou nach Tatranská Lesna.

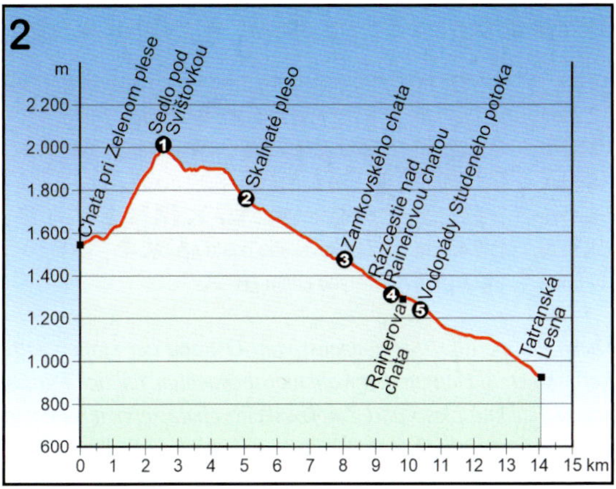

Tatranská Lesna

Am Westausgang des Ortes findet sich an der Hauptstraße die Penzión Lesna: +421/524 42 31 75, lesna@lesna.org, www.lesna.org, Ü ab € 33, ÜF ab € 39

Von Tatranská Lesna kommen Sie mit Bus und TEŽ-Bahn ansonsten in alle Tatragemeinden. Übernachtungsmöglichkeiten in der größeren Nachbargemeinde Tatranská Lomnica finden Sie auf S. 80 f., Informationen zu Unterkünften im westlich gelegenen Starý Smokovec auf S. 110.

Falls Sie eine Wanderung durch ein relativ einsames Tal an den Tatranordrand vorziehen, gehen Sie auf demselben Weg wie am Vortag vom Zelené pleso zurück zum Vel'ké Biele pleso. Ab hier folgen Sie der Wegbeschreibung der Tour „Süd-Nord-Ost-Querung", 3. Etappe, auf S. 104 in die Gegenrichtung nach Tatranská Javorina. Informationen zur Übernachtung in dem Dörfchen oder im nahe gelegenen Ždiar finden Sie auf S. 102 und S. 45 f. Die Etappe ist dann ca. 12 km lang und dauert etwa 3 Std. 20 Min.

Süd-Nord-Ost-Querung über den Tatrahauptkamm

1. Etappe: Biela Voda – Téryho chata

14,8 km, 5 Std. 30 Min., ↑ 1.420 m, ↓ 300 m, ⇧ 925-2.015 m

0,0 km	⇧ 925 m	Bushaltestelle Biela Voda zastávka SAD
2,2 km	⇧ 1.141 m	Brücke Kežmarská Biela voda
3,5 km	⇧ 1.226 m	Rázcestie Koval'číkova poľana
5,7 km	⇧ 1.520 m	Sedlo pod Malou Svišťovkou
8,2 km	⇧ 1.751 m	Skalnaté pleso
11,3 km	⇧ 1.475 m	Zamkovského chata
14,8 km	⇧ 2.015 m	Téryho chata

Diese Etappe führt Sie zunächst vom Ostrand der Hohen Tatra nach Westen ins Kerngebiet. Sie lernen den wohl meistbesuchten Teil der Tatranská magistrála zwischen Skalnaté pleso und Zamkovského chata kennen. Die gemütliche Hütte auf dem Weg ist ein beliebtes Ausflugsziel und dank Seilbahnen zu knapp 1 Std. von der Hütte entfernten Orten gut erreichbar. Doch gleich nach der Hütte wird es ruhiger, denn wer das fast unwirklich schöne Tal Malá Studená dolina durchwandert, hat den nicht unanstrengenden Aufstieg zur Téryho chata oder gar die anspruchsvollere Querung einer der Pässe nördlich davon auf dem Plan.

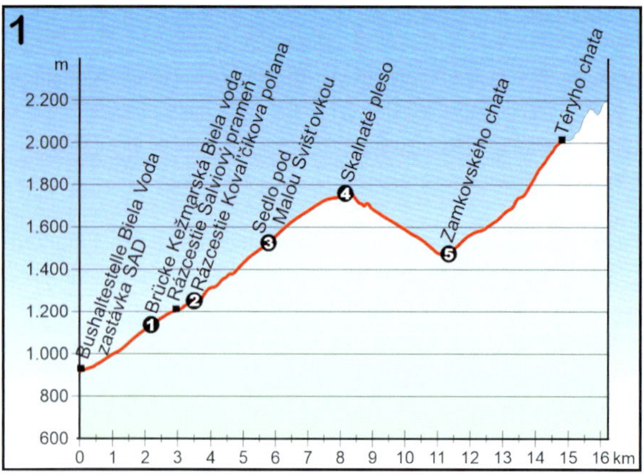

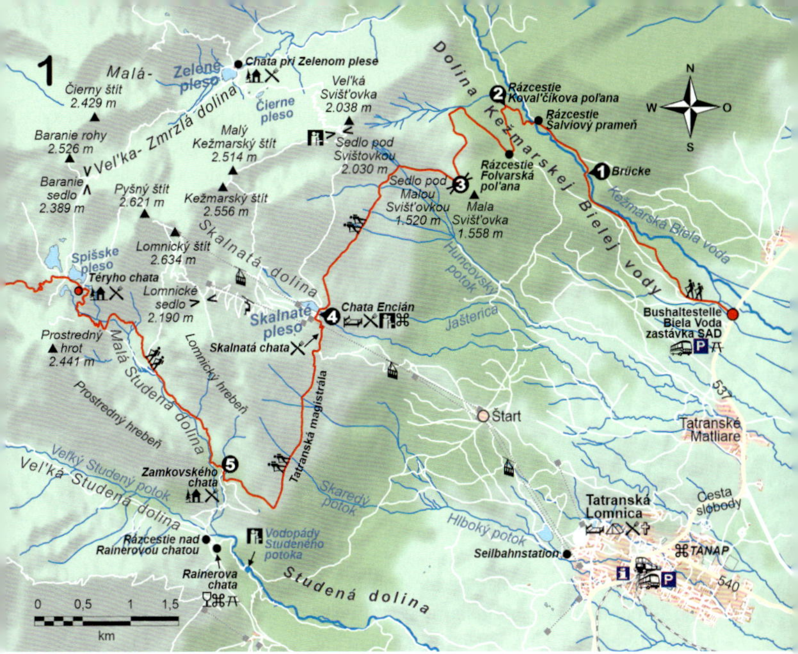

Zum Start dieser dreitägigen Tour fahren Sie mit dem Bus (Linie 706425 des Unternehmens SAD oder mit den Bussen der Zakopane-Poprad-Verbindung von Strama, ☞ S. 40) zum Parkplatz **Biela Voda** am Eingang zum Tal Dolina Kežmarskej Bielej vody, der wenige Kilometer nordöstlich des Skiorts Tatranská Lomnica liegt (☞ S. 80).

Über die Brücke des **Biela voda** ❶ bis zum Wegkreuz Rázcestie Šalviový prameň verläuft diese Etappe wie in der Tour ☞ „Auf den nordöstlichsten Gipfel Jahňaci štít", Etappe 1, auf S. 87 beschrieben. Folgen Sie dann weiter der gelben Markierung nach links über die nächste Brücke.

Nach 3,5 km und ca. 1 Std. Gehzeit ab Start zweigt am Wegkreuz **Rázcestie Koval'číkova pol'ana** ❷ ein Weg mit grünem Zeichen links zum Skalnaté pleso ab, Ihrem ersten Teilziel. Er führt Sie rund 600 m über einen schmalen, steinigen Waldpfad bergauf zum Wegkreuz Rázcestie Folvarská pol'ana, an dem es rechts weitergeht.

Nun steigt der Weg über dem Tal Skalnatá dolina zum See Skalnaté pleso auf. Zunächst führt er in einem Bogen nach Norden und zurück über den **Sedlo pod Malou Svišt'ovkou ❸** (1.520 m), einen kleinen Bergsattel des südöstlich gelegenen Mala Svišt'ovka.

Mit 1.558 m ist er der kleine Bruder des 2.038 m hohen Vel'ka Svišt'ovka im Nordwesten, unter dem der Weg weiterführt und den Sie auch passieren, wenn Sie die 2. Etappe der Tour „Ost-West-Querung (Teil 1)" machen (☞ S. 50 ff.).

Sobald sich der Wald, der durch den Befall von Borkenkäfern von Totholz geprägt ist, lichtet, können Sie geradeaus den Skalnaté pleso mit Sternwarte und Hotel sehen und links die weite Aussicht auf das Talbecken um Kežmarok und Poprad genießen.

Nach insgesamt etwa 2 Std. 45 Min. ab Start befinden Sie sich am **Skalnaté pleso ❹** (1.751 m, Steinbachsee, ☞ S. 52) nach der Stille des seit der Koval'číkova pol'ana wenig begangenen Wegs wieder in bunter Gesellschaft von Ausflüglern und Wanderern.

Ein Besuchermagnet ist die Luftseilbahn, die zwischen der Station am Skalnaté pleso und einer Gipfel- und Wetterstation kurz unterhalb der Lomnický štít (2.634 m) pendelt. ☞ Tour „Wandern und Gondeln über Pass und Gipfel", 2. Etappe, S. 115.

Enzian am Wegesrand

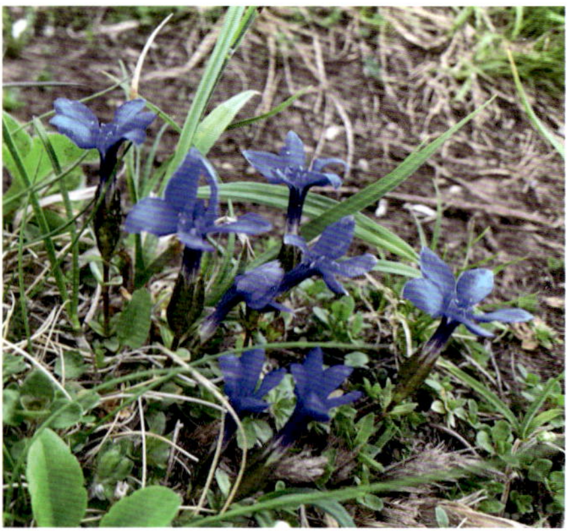

Im nächsten Etappenabschnitt folgen Sie der roten Markierung hinab über die Tatranská magistrála zum Ausgang des Tals Malá Studená dolina. Wenn die Magistrála etwa 45 Min. nach dem Skalnaté pleso links abzweigt, folgen Sie dem grün markierten Weg nach rechts hinauf ins Tal. Nach wenigen Metern erreichen Sie die Hütte **Zamkovského chata ❺** (☞ Tour „Ost-West-Querung (Teil 1)", 2. Etappe, S. 52).

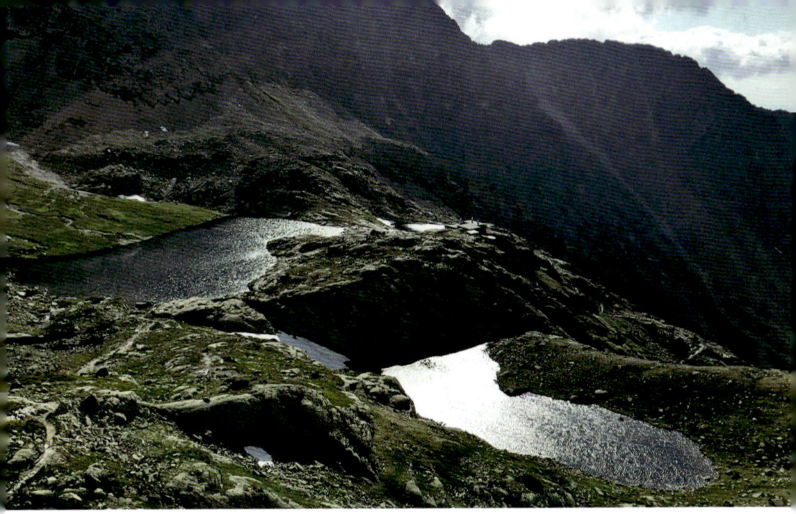

Blick auf die Téryho chata vom Weg zum Sedielko-Pass

Ab der Hütte wird es direkt ruhiger und Sie können die eindrucksvollen Aussichten ins Tal mit der schroff gezackten Kette des Lomnický hreben rechts und der sanfteren, grünen Bergkette Prostredný hreben mit dem Prostredný hrot (2.441 m) als höchster Erhebung links genießen. Durch die Talmitte schlängelt sich silbrig der grün gesäumte Gebirgsbach Malý Studený potok.

Vor sich sehen Sie bald schon Ihre Bleibe für heute Nacht: die **Téryho chata** auf 2.015 m. Sie thront am Rand einer Felsstufe des Hochtalkessels Kotlina Piatich Spišských plies (Fünfseenkessel).

Etwa 2,2 km nach der Zamkovského chata führt der Weg Sie den letzten Kilometer mehr als 300 m steil hinauf und über einen kleinen Wasserfall aus dem Nižne Spišske pleso zur Hütte. Nach ca. 14,8 km und etwa 5 Std. 30 Min. sind Sie am Ziel der an Höhenmetern reichen Etappe.

Die Téryho chata ist die höchstgelegene Hütte der Tatra, die ganzjährig geöffnet ist. Sie wurde 1898-99 auf Initiative des Vorstands des Ungarischen Touristenvereins, des Arztes Edmund Téry, gebaut. Bis 1918 war sie die höchstgelegene Hütte Ungarns, dann der Tschechoslowakei, heute (nach dem Bau der Chata pod Rysmi 1932) die zweithöchste der Slowakei. Sie hat 24 Betten und mit Matratzenlager Platz für 60 Wanderer. ☏ +421/949 65 03 15, teryhochata007@gmail.com, www.teryhochata.sk, Ü im MBZ ab € 23, ÜF ab € 28, HP ab € 37. ☺ Schnapsliebhaber können hier meist auch selbst gemachten horec ordern, einen herben Schnaps aus Enzianwurzeln.

2. Etappe: Téryho chata – Tatranská Javorina

13,3 km, 5 Std., ↑ 436 m, ↓ 1.442 m, ⇧ 1.000-2.376 m

0,0 km	⇧ 2.015 m	Téryho chata
1,1 km	⇧ 2.040 m	Rázcestie pod Sedielkom
1,9 km	⇧ 2.376 m	Sedielko sedlo
2,9 km	⇧ 1.878 m	Žabie Javorové pleso
6,9 km	⇧ 1.340 m	Javorova Pol'ana
11,0 km	⇧ 1.076 m	Rázcestie pod Muráňom
13,3 km	⇧ 1.000 m	Tatranská Javorina

Aus der Granitgesteinskulisse der Hohen Tatra geht es heute über den Sedielko sedlo in den slowakischen Norden der Tatra. Der Übergang über den Tatrahauptkamm ist in dieser Gehrichtung gut machbar, sobald er frei von Schnee ist. Der weitere Weg durchs grüne Ahorntal führt zum Westrand der Belaer Tatra, deren Kalkgestein Heimat zahlreicher Pflanzenarten ist. Aufgrund seiner Abgeschiedenheit werden Sie hier eher wenige Wanderer treffen.

Sie verlassen die Téryho chata auf dem gelb markierten Weg, dem Sie westlich durch den Kessel Kotlina Piatich Spišských plies folgen. Zuerst lassen Sie den

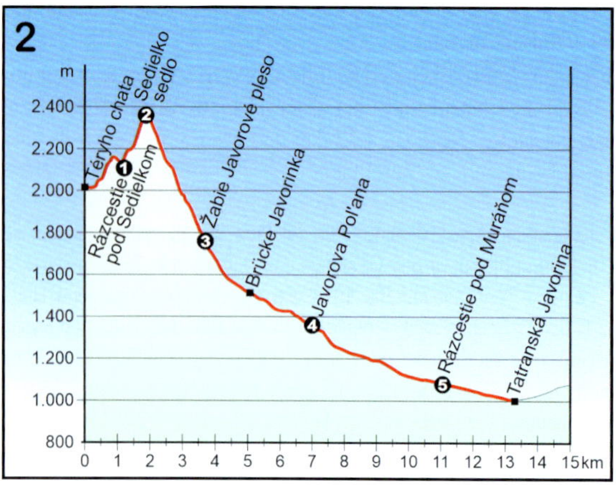

Prostredné pleso und den Vel'ké pleso rechts liegen und steigen dann in einem Bogen nach Südwesten über die Pfinnova kopa, eine 2.121 m hohe Kuppe. Weiter geht es nordwestlich ins „Sedielko-Tälchen" Dolinka pod Sedielkom hinab. Nach rund 30 Min. und 1,2 km erreichen Sie das Wegkreuz **Rázcestie pod Sedielkom ❶** auf 2.040 m.

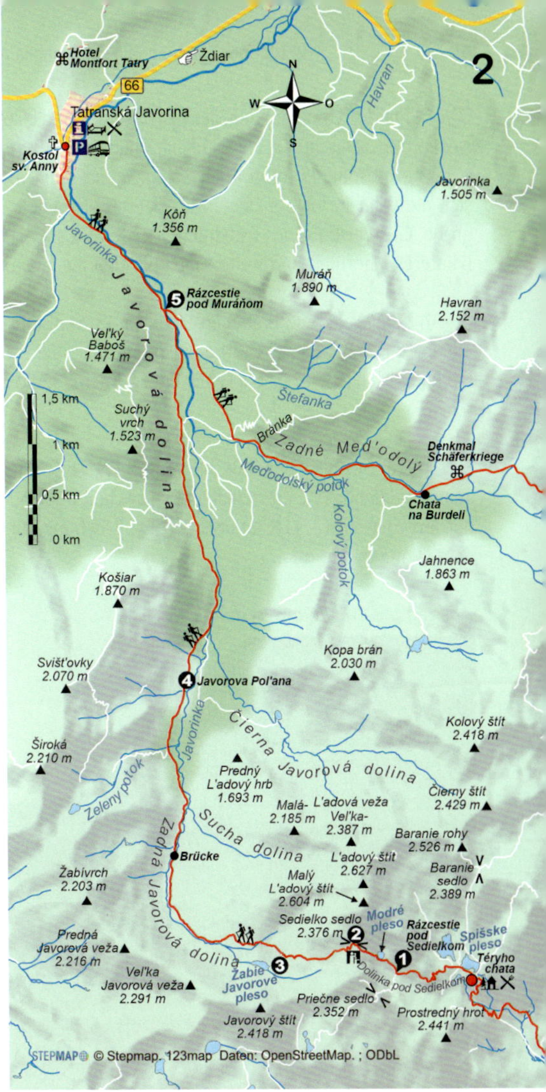

Während die gelbe Markierung nach links zur Scharte Priečne sedlo (2.352 m) führt, durch die es vom Malá- ins Vel'ká-Studená-Tal („großes kaltes Tal") geht (☞ Tour „Wandern und Gondeln über Pass und Gipfel", 1. Etappe, S. 109), folgen Sie nun der grünen Wegmarkierung, die geradeaus auf den Sedielko sedlo führt. Sie können die Serpentinen, die kurz unter dem Pass mit Holzbalken gesichert sind, von hier schon gut sehen – und bis Mitte Juli möglicherweise auch noch Schneefelder, die die einzige größere Schwierigkeit dieses Nord-Süd-Übergangs sein können.

☺ Da der Übergang auf der Ostseite des Sedielko-Passes ziemlich schottrig ist, ist die Gehrichtung von Süd nach Nord für diese Tour wohl die einfachere Variante. Besonders wenn noch Schneefelder den Weg teilweise bedecken, lässt sich die Ostseite besser bergan als bergab erwandern. Auf der Westseite bilden große Gesteinsbrocken Trittstufen für den Abstieg ins Zadná Javorová dolina (Hinteres Ahorntal) und weiter nach Norden ins Javorová dolina (Ahorntal).

Ab dem Wegkreuz brauchen Sie etwa 45 Min. für die rund 340 Höhenmeter, die erst links entlang des Modré pleso unterhalb der 2.604 m hohen Malý Ľadový štít und anschließend im Zickzack zum **Sedielko sedlo ❷** auf 2.376 m hinaufführen.

Der Ausblick, der Sie hier rund 1,9 km nach Etappenstart erwartet, ist atemberaubend: Wie ein schlafender Drachen thront der gezackte Granitgrat mit der Javorový štít (2.418 m) als höchster Erhebung auf der anderen Talseite über dem Hinteren Ahorntal.

Abstieg ins Tal Javorová dolina

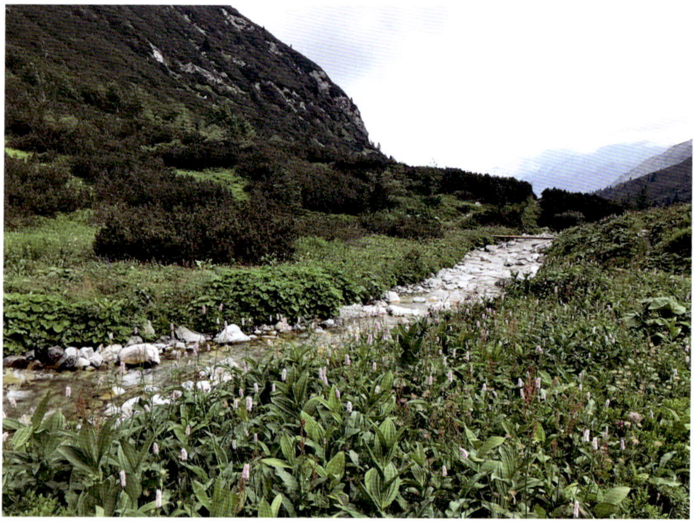

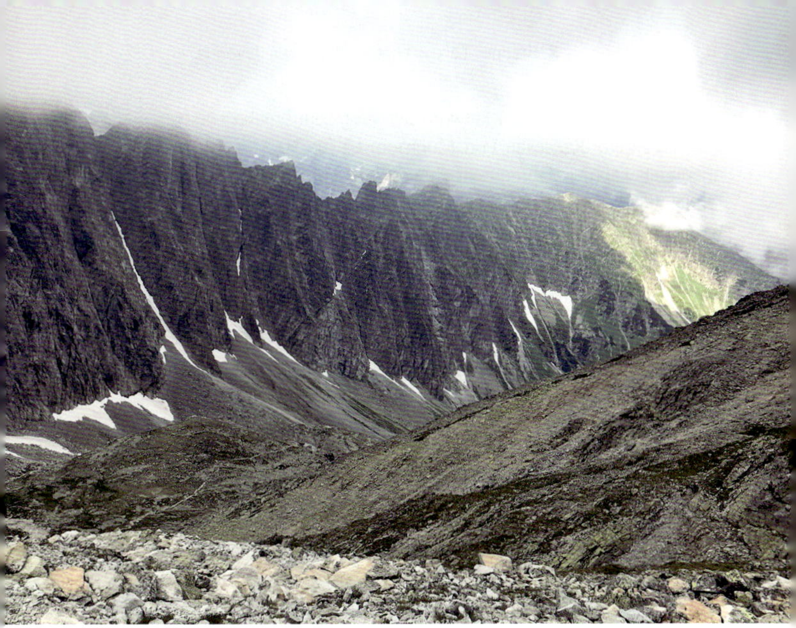

Blick vom Sedielko sedlo

Das erschließen Sie sich nun Schritt um Schritt, erst über Gesteinsbrocken links vorbei an den Ausläufern der Malý Ľadový štít und steil nach Westen hinab, rechts entlang des **Žabie Javorové pleso ❸** und dann in sanfterem Abstieg nach Norden, wo sich nach der Malý Ľadový štít (Kleine Eistaler Spitze) bald auch die imposante Ľadový štít (2.627 m, Eistaler Spitze) rechts vom Weg zeigt.

Etwa 50 Min. und 1,5 km nach dem Pass wird es grüner. Mit Querung des Javorinka-Bachs beginnt dann nach etwa 800 m Abstieg und rund 3 km ab dem Pass allmählich der waldige Teil des Javorová dolina – auch wenn die Namenspaten, die Ahornbäume, erst noch auf sich warten lassen.

Etwa 2 Std. 30 Min. und ca. 5 km ab dem Sedielko erreichen Sie die Schneise **Javorová pol'ana ❹**. Rechts von Ihnen geht es ins Seitental Čierna Javorová dolina, Sie wandern stetig weiter bergab durch Wiesen und immer höheren Wald, in den sich nun auch Ahornbäume mischen. Der Javorinka, der Sie begleitet, seit Sie ihn gequert haben, wird nun breiter. Mit seinem türkisgrünen Wasser rauscht er über das weiße Bachbett aus Kalkgesteinsbrocken, die für die Belaer Tatra so typisch sind.

Auf den letzten etwa 4 km wird der Weg zum breiten Forstweg und führt ab dem Wegkreuz **Rázcestie Pod Muráňom** ❺ für 30 Min. bis Tatranská Javorina über eine kaum befahrene Straße. Gleich am Ortseingang des beschaulichen Dörfchens kommen Sie links an einem Haus des Tatra-Nationalparks TANAP vorbei, vor dem altehrwürdige, riesige Ahornbäume stehen. Gegenüber informieren Sie Infotafeln u. a. darüber, dass Sie sich in einer der kältesten und feuchtesten Regionen der Slowakei befinden. Umso schöner ist die Aussicht auf eine warme Dusche.

Tatranská Javorina

Im Umkreis des Dorfs gibt es einige wenige Unterkünfte, z. B.

- Chaty Javorina (auf der Dorfhauptstraße in Richtung Osten, bis links ein wie die Nationalparkwanderwegweiser gestaltetes Schild auf die Chaty Javorina hinweist), ☏ +421/904 93 64 95, chatyjavorina@gmail.com, www.chatyjavorina.sk, Ü im Ferienhaus € 15
- Tatra Forum (in Lysá Pol'ana, 3 km auf der Hauptstraße nach Osten bis nahe der Grenze zu Polen, regelmäßig mit dem Bus ab der Haltestelle gegenüber der Post in Tatranská Javorina erreichbar), ☞ Details auf S. 138

Ca. 1 km von der Post auf der Hauptstraße in Richtung Polen und dann rechts ab in die Zufahrtsstraße liegt das Hotel Montfort Tatry, ein 4-Sterne-Wellness-Hotel, in dem Sie auch dann anstandslos in Wanderkleidung bedient werden, wenn Sie nur das durchaus erschwingliche Restaurant oder die Wellnesseinrichtungen nutzen möchten. ☏ +421/527 89 56 22, recepcia@hotelmontfort.sk, www.hotelmontfort.sk, ÜF ab € 99 (Reservierung nur die über Website), Hauptgerichte im Restaurant ab ca. € 8, Nutzung von Pool und Sauna (15:00 bis 21:00) € 15

Im Ortskern gegenüber der Post finden Sie einen Minimarkt, der vor allem Alkohol für polnische Einkaufstouristen anbietet, mit angeschlossenem Bistro und sporadischen Öffnungszeiten (gilt für beides). Hat der Minimarkt geschlossen (offiziell ab 17:00), könnten Sie beim Imbiss („Bufet") am kleinen Skilift Glück haben (ca. 300 m von der Post nach Westen und dann von der Hauptstraße links in die Straße unterhalb des Friedhofs).

☺ Ist Ihnen die Auswahl an Unterkünften und Restaurants zu übersichtlich, bietet es sich an, den Bus in das ein paar Stationen östlich gelegene Ždiar (☞ S. 45 f.) zu nehmen. Die Busse fahren mehrmals täglich ab der Busstation neben der Post (Linie 706425 oder Zakopane-Poprad-Bus des Unternehmens Strama, ☞ S. 40).

Das kleine Dorf an der Grenze zu Polen mit dem deutschen Namen Uhrngarten besticht durch eine Dorfidylle, die von dunklen Holzhäusern entlang seiner zwei Straßen geprägt ist. Nach seiner Geschichte als Eisenhütten- und Holzarbeiterdorf kaufte der preußische Fürst Christian Kraft zu Hohenlohe-Öhringen 1879 das Gebiet, unter anderem zur Ansiedlung einer Wildzucht. Heute ist Tatranská Javorina durch den Grenzverkehr mit Polen und etwas Wander- und Wintertourismus geprägt.

⌘ Das Hotel Montfort Tatry liegt direkt vor dem Jagdschloss Hohenlohe des erwähnten Fürsten, das zuletzt Repräsentationszwecken der slowakischen Regierung diente und heute im Besitz des Präsidenten der Slowakischen Republik ist.

♦ Reservierung (mind. sieben Tage vorher) zur Besichtigung, die immer donnerstags möglich ist, und Informationen unter ☏ +421/905 24 36 18

✞ Auf dem Friedhof steht die sehenswerte Holzkirche Kostol sv. Anny, eine katholische Kirche mit norwegischen Elementen.

♦ ☏ +421/524 49 81 36, farnostzdiar@gmail.com,
www.zdiar.fara.sk/kostol-sv-anny/, Do 11:00 bis 14:00

Holzkirche Kostol sv. Anny

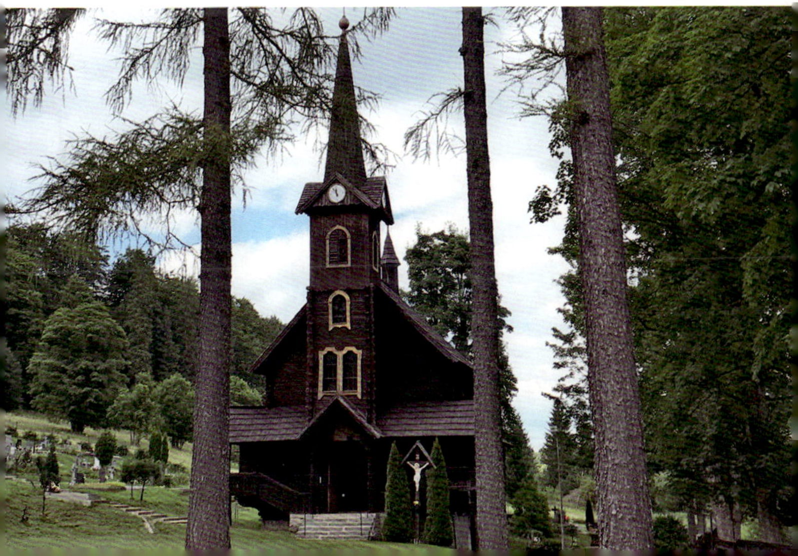

3. Etappe: Tatranská Javorina – Tatranská Kotlina

19,3 km, 5 Std. 45 Min., ↑ 851 m, ↓ 1.086 m, ⇧ 755-1.750 m

0,0 km	⇧ 1.000 m	Tatranská Javorina
2,3 km	⇧ 1.076 m	Rázcestie pod Muráňom
6,3 km	⇧ 1.430 m	Denkmal Schäferkriege
8,6 km	⇧ 1.750 m	Kopské sedlo
10,0 km	⇧ 1.610 m	Vel'ké Biele pleso
10,9 km	⇧ 1.512 m	Taleingang Predné Med'odolý
13,0 km	⇧ 1.430 m	Eingang Dolina Siedmich prameňov
14,6 km	⇧ 1.290 m	Chata Plesnivec
19,3 km	⇧ 755 m	Tatranská Kotlina

Auf den Spuren von Botanikern und Braunbären geht es heute durch das Med'odolý-Tal aus der Belaer Tatra zurück in die Hohe Tatra. In moderater Höhenlage machen Sie Bekanntschaft mit einer Kalksteinschlucht, einer kleinen Bärenausstellung, den Schäferkriegen des 16. Jh. und dem nicht nur für Pflanzenkundler attraktiven Siebenquellental. Am Endpunkt der Tour können Sie bei der Besichtigung einer Tropfsteinhöhle noch Zusatzstrecke und -höhenmeter machen.

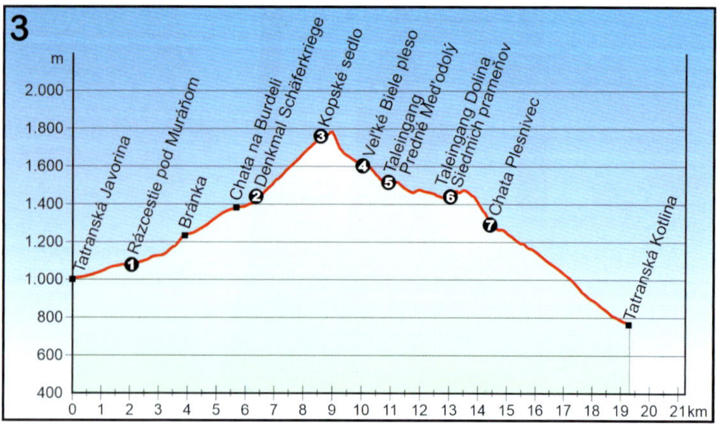

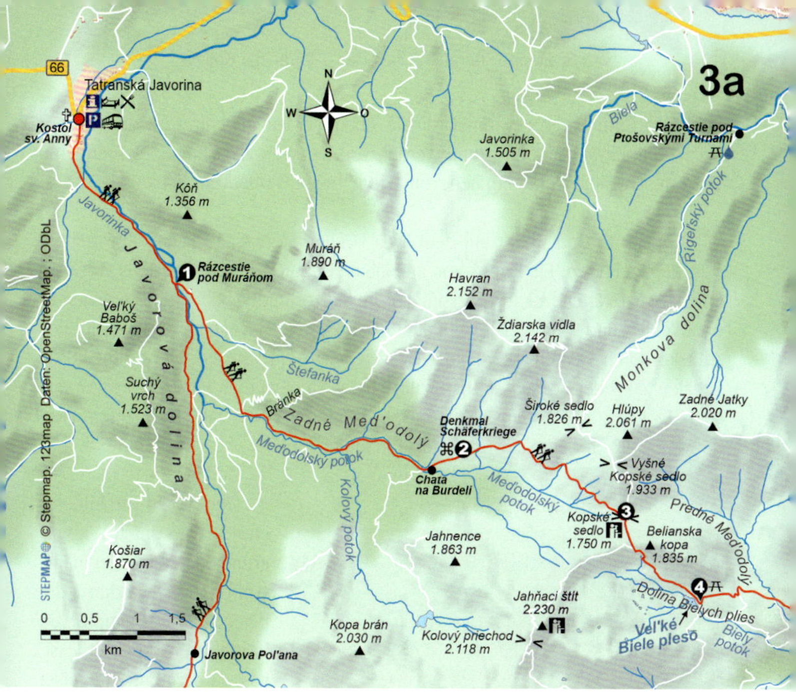

Die Etappe führt Sie von Tatranská Javorina zurück zum Wegkreuz **Rázcestie pod Muráňom ❶**, über das Sie gestern gekommen sind. Hier gehen Sie nun links ins Zadné-Med'odolý-Tal (blaue Markierung), das seinen Namen (Hintere Kupferschächte) vom Kupferabbau im 16. Jh. hat. Nach ca. 3,6 km kommen Sie an einem kleinen Quellhäuschen vorbei, bevor es weiter sanft zum Kopské sedlo hinaufgeht. Kurz danach biegen Sie links ab und erreichen nach rund 50 Min. die eindrucksvolle Kalksteinschlucht Bránka. Hier hat sich der Gebirgsbach Med'odolský potok ins Gestein gefräst, nachdem die Gletscher der Eiszeit abgeschmolzen sind. Links und rechts des Weges ragt das Kalkgestein bis zu 40 m in die Höhe.

Bald gehen die Felswände in ein breiteres Tal mit viel Wald über. Etwa eine halbe Stunde und 2,2 km nach der Schlucht queren Sie den Med'odolský potok und kommen zum kleinen Rastplatz Chata na Burdeli. An geschnitzten Holzstatuen (denen freundlicherweise ein Schild vorausgeht, das gleich eine Bärenfigur zu sehen ist – wohl, um Schrecksekunden wegen Verwechslung mit einem lebendigen Exemplar zu vermeiden) sehen Sie schon von Weitem, dass dieser

Platz den Braunbären gewidmet ist. Sie leben hier wie auch im Rest der weniger besuchten Tatragegenden – und werden von den Slowaken (und vielen anderen Völkern slawischer Sprache) liebevoll „Honigfresser" (*medved*) genannt.

⌘ Etwa 500 m weiter auf dem Weg können Sie ein Stückchen Regionalgeschichte nachlesen: Ein Triptychon an einem eisernen Kreuz erinnert als **Denkmal an die Schäferkriege ❷**, die hier im 16. Jh. stattgefunden haben und in denen es um Weidegrund ging. 1596 gipfelten sie nahe dem Denkmal in einer blutigen Attacke durch bewaffnete Männer des Freiherrn Horvath v. Palocsa auf lokale Schäfer. Zwei der Schäfer starben sofort, 15 weitere wurden teilweise schwer verletzt. Es folgte ein Waffenstillstand, der, so informiert die Tafel vielsagend, allerdings nur bis zu den nächsten Konflikten andauerte.

Achtung, nur aus Holz!

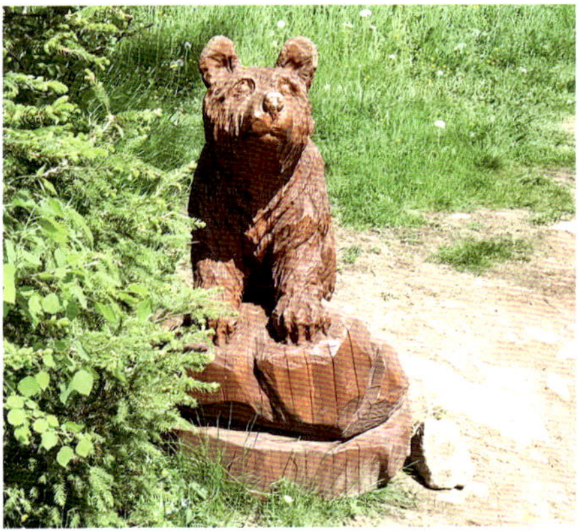

Der Weg verläuft für etwa 600 m durch Wiesengrund, der dank der nährstoffreichen Böden der Belaer Tatra so üppig von Wildblumen durchsetzt ist, dass es berühmte Botaniker wie den Schweden Göran Wahlenberg (1780-1851) immer wieder hierher zog.

Nun geht es durch Wald und offene Fläche am Hang südlich unterhalb des Široké sedlo (☞ Tour „Ost-West-Querung (Teil 1)", 1. Etappe, S. 45) stetig bergan. Rund 2,3 km nach dem Schäferkriegsdenkmal und Ausblicken in den herrlich grünen Talschluss des Zadné Med'odolý erreichen Sie den Grassattel **Kopské sedlo ❸** auf 1.750 m (☞ S. 48 f.). Etwa 2 Std. und 45 Min. nach dem Start wechseln Sie von der Belaer in die Hohe Tatra, indem Sie dem blau markierten Weg nach rechts etwa 35 Min. zum Wegkreuz **Vel'ké Biele pleso ❹** folgen.

Weiter geht es zum nächsten Botanikerparadies: Nachdem Sie der grünen Markierung nach links gefolgt sind und an der Bergkuppe Belianska kopa (1.835 m) den Eingang ins Tal **Predné Med'odolý ❺** (Vordere Kupferschächte)

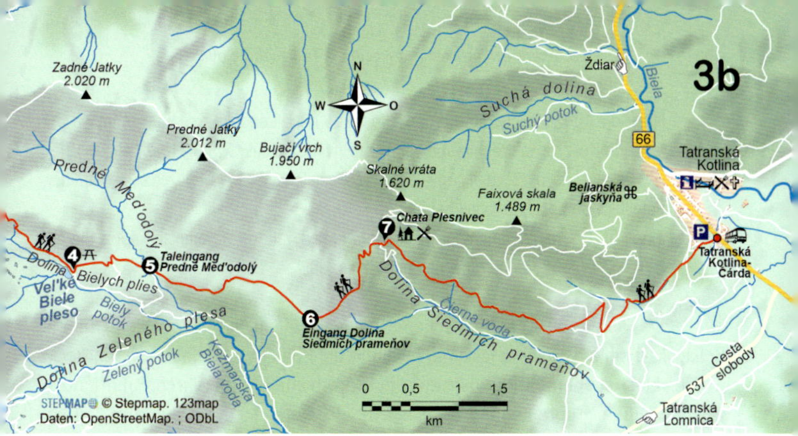

passiert haben, kommen Sie über den Nordrand des Dolina Kežmarskej Bielej Vody ins **Dolina Siedmich prameňov ❻** (Siebenquellental). Es ist wieder Teil der Belaer Tatra und bietet mit mehr als 1.000 verschiedenen Arten einen großen Pflanzenreichtum.

Rund 4 km verläuft der Weg ab Vel'ké Biele pleso unterhalb der Ostausläufer der Belaer Tatra, bis er über Serpentinen steil hinab nach weiteren 600 m die **Chata Plesnivec ❼** („Edelweißhütte") auf 1.290 m erreicht.

Die mit 21 Betten eher kleine Hütte diente lange Jahre als Wetterstation und dann als Stützpunkt für Biologen und Botaniker, bis sie restauriert wurde. Seit 1997 steht sie wieder Wanderern offen. ☎ +421/905 25 67 22, chataplesnivec@gmail.com, www.chataplesnivec.sk, ganzjährig, Ü im MBZ ab € 12 (mit eigenem Schlafsack), F ab € 5, HP ab € 13, Duschgelegenheit

Die Etappe führt ab der Hütte etwa 50 Min. auf dem grünen Weg weiter, nun sanfter talwärts an bewaldetem Hang entlang. Nach rund 3,4 km erreichen Sie einen Querweg, dem Sie für knapp 30 Min. nach links zur Busstation **Tatranská Kotlina-Čárda** folgen. Dort angekommen, haben Sie das Ziel dieser Tour erreicht.

Tatranská Kotlina

Im Dorf selbst gibt es ein paar wenige Unterkünfte. Beispielsweise:

♦ Penzión Koliba (am Nordausgang des Ortes an der Hauptstraße), ☎ +421/915 93 23 64, www.penzion-koliba.sk, ÜF ab € 45. Normalerweise nur für zwei Nächte buchbar.

Nach ca. 10 Min. Fußweg auf der Autostraße nach Lendak erreichbar (nördlich der Penzión Koliba nach rechts abbiegen) ist Privát Slodičák, ☏ +421/907 40 75 12, privatslodicak@gmail.com, www.privatslodicak.sk, Ü mit eigenem Zimmer, geteiltem Bad und Kochgelegenheit ab € 15.

☺ Tipps für Übernachtungsmöglichkeiten im nahen Tatranská Lomnica finden Sie auf ☞ S. 81 f., für das nördlich gelegene Ždiar auf ☞ S. 45.

⌘ Das Dorf mit dem deutschen Namen Höhlenhain ist vor allem für die **Belianska-Höhle** (Belianská jaskyňa) bekannt, die Ende des 19. Jh. wiederentdeckt wurde. Einst stießen Goldgräber auf die Tropfsteinhöhle, die ihren Fund jedoch geheim hielten. Heute können Besucher die 3,5 km tiefe Höhle auf etwa 1,4 km und 860 Stufen erkunden, um fantastische Stalagmitgebilde und Sinterwasserfälle zu bestaunen. Von Bushaltestelle und Parkplatz benötigen Sie ca. 15 Min.

♦ ☏ +421/524 46 73 75, +421/445 53 61 01, belianj@ssj.sk., Juni bis Aug Di bis So Führungen von 9:00 bis 16:00 zu jeder vollen Stunde, Sep bis Mitte Nov und Jan bis Mai Di bis So Führungen um 9:30, 11:00, 12:30 und 14:00, Mitte Nov bis Ende Dez geschlossen, Eintritt € 8

Med'odolý-Tal

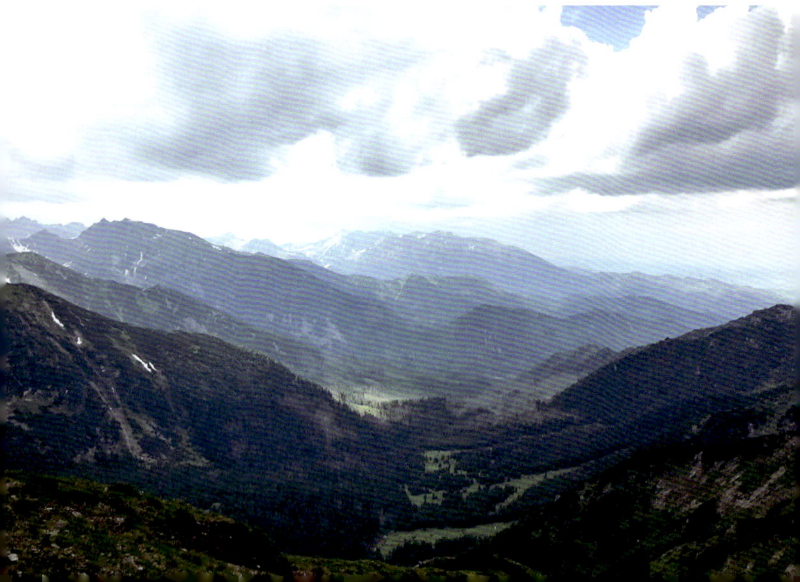

Wandern und Gondeln über Pass und Gipfel

1. Etappe: Starý Smokovec – Zbojnícka chata

14,2 km, 7 Std. 20 Min., ↑ 1.478 m, ↓ 509 m, ⇧ 985-2.352 m

0,0 km	⇧ 985 m	Starý Smokovec
2,5 km	⇧ 1.285 m	Hrebienok
2,7 km	⇧ 1.255 m	Bilíkova chata
4,0 km	⇧ 1.301 m	Rainerova chata
5,9 km	⇧ 1.475 m	Zamkovského chata
9,3 km	⇧ 2.015 m	Téryho chata
10,4 km	⇧ 2.040 m	Rázcestie pod Sedielkom
11,0 km	⇧ 2.352 m	Priečne sedlo
14,2 km	⇧ 1.960 m	Zbojnícka chata

Diese Tour führt durch zwei Tatrahaupttäler: Malá Studená und Veľká Studená dolina („kleines und großes kaltes Tal", auch kleines und großes Kohlbachtal genannt) – das eine grün und mit der großen Wasserfallstufe romantisch schön, das andere etwas rauer mit wunderschönen Gebirgsseen und unvergleichlichen Ausblicken. Sie queren den Prostredný hrebeň, der die Täler trennt, über den Priečne sedlo. Der Pass ist auf der östlichen Seite mit Ketten und Klammern gesichert, die den Aufstieg erleichtern. Auf der Westseite ist der Abstieg nicht mehr allzu schwer.

Aufstieg zum Priečne sedlo

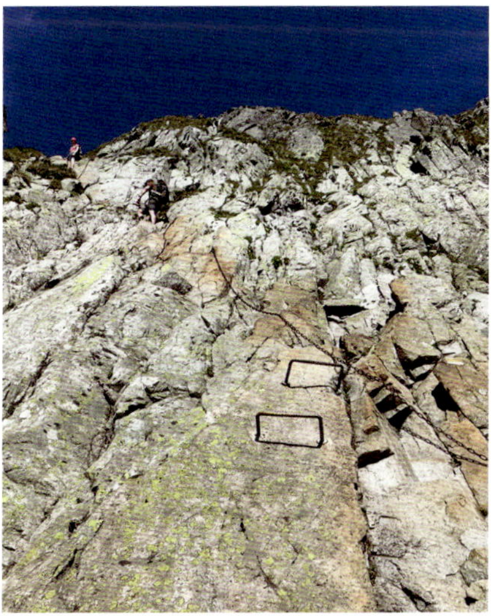

Starý Smokovec

Die Touristeninformation liegt im Zentrum gegenüber vom Grandhotel an der Hauptstraße. ☏ +421/524 42 34 40, ✉ smokovec@tatry.sk, 💻 www.tatry.sk, täglich 8:00 bis 18:00 (spontane Änderungen möglich)

Aus einer großen Auswahl an Übernachtungsmöglichkeiten seien hier nur ein paar wanderfreundliche Pensionen genannt:

- Villa Gerlach (vom Bahnhof Nový Smokovec über die Hauptstraße gleich rechts), ☏ +421/948 03 09 38, ✉ villagerlach@gmail.com, 💻 www.villagerlach.sk, Ü ab € 34
- Penzión Breza (die Straße östlich der Villa Gerlach nach Norden hinauf), ☏ +421/949 11 05 24, ✉ penzionbreza@gmail.com, Ü ab € 38, F ab € 6
- Villa Krejza (in Horný Smokovec, gleich oberhalb der gleichnamigen TEŽ-Station), ☏ +421/905 11 99 47, +421/915 54 49 73, ✉ info@villakrejza.sk, 💻 www.villakrejza.sk, ÜF ab € 44

Die zentral in Starý Smokovec neben dem Sherpa Caffe und östlich vom Grandhotel gelegene Koliba Kamzik ist nicht nur ein rustikales Restaurant mit typisch regionaler Küche, sondern vermietet auch Appartements ab 2 Personen: ÜF ab € 95. ☏ +421/904 74 40 00, 💻 www.aplend.com (slowakisch, englisch)

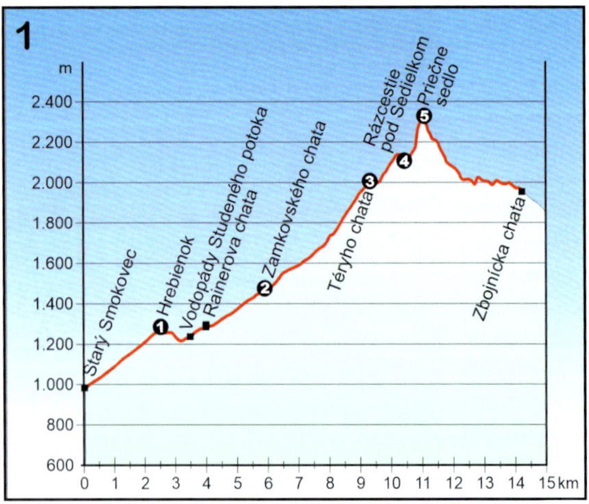

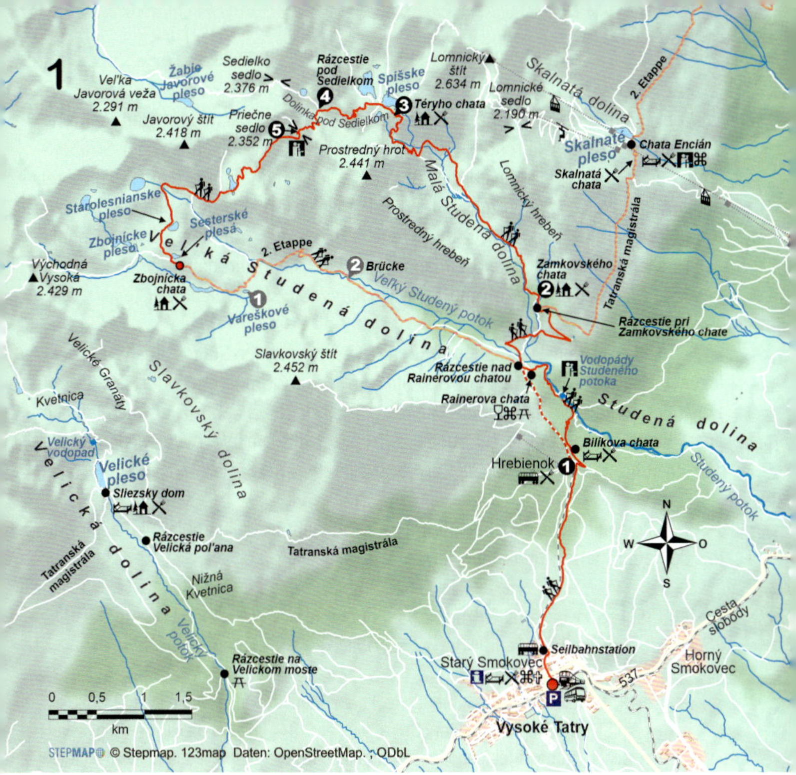

Die älteste Tatragemeinde gehört neben Štrbské Pleso und Tatranská Lomnica zu den wichtigsten Talzentren der slowakischen Hohen Tatra. Ursprünglich nach Entdeckung von Mineralquellen zum Kurort ausgebaut, ist der Ort heute ein Knotenpunkt für viele, die über Poprad in die Tatra kommen. Außer dem mehrgleisigen Bahnhof der elektrischen Tatrabahn, prächtigen Jugendstilvillen und -hotelpalästen, die teilweise leer stehen, vielen Cafés und Restaurants finden Sie hier rechts der östlichen Auffahrt zum Jugendstilprachtbau des Grandhotel das ⌘ ☕ Sherpa Caffe mit einer kleinen Ausstellung und Literatur zu den Lastenträgern, die immer noch täglich viele der Tatrahütten mit Gütern versorgen (☞ S. 37, 💻 www.sherpacaffe.sk). Südwestlich gegenüber, an der Hauptstraße, hat die Gesellschaft der Bergführer in der Vila Alica ein zentrales Büro (☏ +421/905 42 81 70, ✉ spolokhv@gmail.com, 💻 www.tatraguide.sk (nur slowakisch)).

Vom Bahnhof in Starý Smokovec gehen Sie zunächst nach Norden in Richtung Seilbahnstation, während Sie der grünen Markierung folgen. An der Straßenkreuzung vor der Seilbahnstation führt der Weg rechts hinter dem Grandhotel entlang und gleich wieder links auf einen Parallelweg rechts der Seilbahn in Richtung **Hrebienok** (Kämmchen). Die Versorgungsstation ist Ausgangspunkt zahlreicher Touren, per Standseilbahn leicht erreichbar und daher meist auch gut besucht. Nach etwa 2,5 km und 50 Min. haben Sie sie erreicht ❶.

Falls Sie den Weg nach Hrebeniok lieber mit der Standseilbahn zurücklegen möchten, können Sie an der Station in Starý Smokovec oder (ca. € 1-2 günstiger, je nach Vorlauf) über www.gopass.sk Tickets ab € 6 für die einfache Fahrt hinauf erwerben. Juni und Sep: erste Fahrt hinauf um 8:30, letzte um 16:10, Juli und Aug: erste Fahrt um 8:30, letzte um 18:10

Gleich an der Seilbahnstation Hrebienok gibt es das Hrebienok Restaurant mit deftigen Speisen und einer Terrasse.

Jetzt gibt es zwei Möglichkeiten: Sie können über den grünen Weg an der Bilíkova chata vorbei in Richtung der Wasserfälle des Studený potok gehen.

Die 1934 auf 1.255 m als Guhrhütte eröffnete Chata trägt den Namen von Pavol Bilík, einem Skiwettkämpfer aus Starý Smokovec, der 1944 bei Kämpfen in der Region von deutschen Truppen festgenommen und hingerichtet wurde. Heute versteht sich die Bilíkova chata als Berghotel und bietet 27 Betten ab € 25 (geteiltes Bad). +421/949 57 97 77, bilikch@azet.sk, www.bilikovachata.sk

Nach ca. 20 Min. ab Hrebeniok geht der grüne in den blau gekennzeichneten Weg über und führt über die Rainerova chata weiter nach Nordwesten.

Informationen zur Hütte finden Sie in der Tour „Ost-West-Querung (Teil 1)“, 2. Etappe, auf S. 52.

Etwa 35 Min. nach Hrebienok trifft der Weg wieder mit der Tatranská magistrála zusammen.

Alternativ gehen Sie ab Hrebienok ein Teilstück der rot gekennzeichneten Tatranská magistrála nach Nordwesten weiter. Dieser Weg ist etwa 15 Min. kürzer als die hütten- und wasserfallreiche Variante.

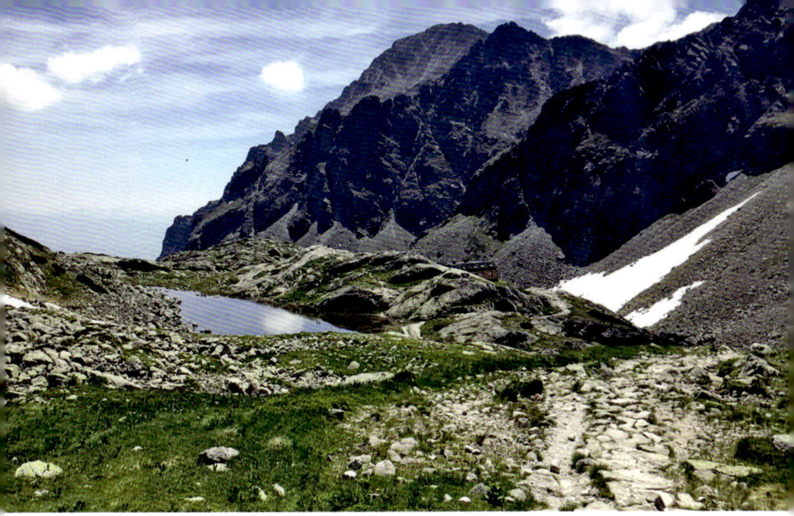

Zbojnícka chata aus Richtung des Priečne sedlo

Beide Wege führen nun für gut 30 Min. in einem großen Zickzack nach Norden. Am Wegkreuz Rázcestie pri Zamkovského chate zweigt die Magistrála nach Osten ab. Sie gehen auf dem grünen Weg weiter und erreichen 3,4 km und 1 Std. 10 Min. ab Hrebeniok die **Zamkovského chata ❷**.

Informationen zur Hütte finden Sie in der Tour ☞ „Ost-West-Querung (Teil 1)", 2. Etappe, auf S. 52.

Von hier über die **Téryho chata ❸** bis zum 1,1 km westlich gelegenen Wegkreuz **Rázcestie pod Sedielkom ❹** entspricht der Weg der Beschreibung der Tour ☞ „Süd-Nord-Ost-Querung", 1. und 2. Etappe, auf S. 96. Ab dem Wegkreuz folgen Sie der gelben Markierung nach links zur Scharte **Priečne sedlo ❺** (2.352 m), durch die Sie nach 570 m und gut 1 Std. – unter dem Pass über Ketten und Eisenbügel steil hinauf – vom Malá- ins Vel'ká-Studená-Tal kommen.

Bis in die Sommermonate können hier noch steile Schneefelder den Weg bedecken, die Sie mit äußerster Vorsicht queren sollten.

Den wunderschönen Ausblick vom Priečne ins große Nachbartal im Westen und zurück in den Hochtalkessel Dolinka pod Sedielkom haben Sie sich verdient. Links und rechts über Ihnen ragen die beiden Türme Široká und Priečna veža auf.

Beim Abstieg ins Vel'ká-Studená-dolina-Tal sehen Sie nach etwa 900 m schon das Ziel der heutigen Etappe, die Zbojnícka chata. Erst geht es über Gesteinsbrocken zügig bergab, dann wird es gut 1,7 km nach dem Übergang auf einer Höhe von knapp 2.000 m ebener. Nach weiteren 1,1 km stehen Sie in der Talsenke des oberen Vel'ká Studená dolina mit Blick hinaus in die Vorgebirgsebene.

Weiter nach Süden führt der Weg erst rechts am Starolesnianske pleso und dann, ca. 600 m ab der Talsenke, nach Südosten am Sesterské plesá entlang. Etwa 200 m weiter und ca. 2 Std. 20 Min. ab Priečne sedlo sind Sie am Etappenziel angekommen.

Informationen zur Zbojnícka chata finden Sie bei der Tour „Ost-West-Querung (Teil 1)", 2. Etappe, auf S. 54.

Falls Sie sich noch fit fühlen und morgen lieber einen kürzeren Wandertag mit ausreichend Zeit für den Seilbahnausflug haben möchten, können Sie auch noch etwa 1 Std. 30 Min. auf dem blau markierten Weg das Vel'ká-Studená-Tal hinabsteigen und ab dem Wegkreuz Rázcestie nad Rainerovou chatou auf dem grünen bzw. roten Weg wie oben beschrieben wieder gut 30 Min. zur Zamkovského chata hinaufgehen. Die heutige Etappe wäre dann 20,4 km und 9 Std. 30 Min. lang. Der morgige Wandertag würde sich auf 11,7 km und 3 Std. 45 Min. verkürzen.

2. Etappe: Zbojnícka chata – Biela Voda

17,8 km, 5 Std. 45 Min., ↑ 468 m, ↓ 1.531 m, ⇧ 925-1.960 m

0,0 km	⇧ 1.960 m	Zbojnícka chata
0,9 km	⇧ 1.834 m	Vareškové pleso
2,4 km	⇧ 1.566 m	Brücke Vel'ký Studený potok
4,6 km	⇧ 1.304 m	Rázcestie nad Rainerovou chatou
6,2 km	⇧ 1.475 m	Wegkreuz Rázcestie pri Zamkovského chate
6,3 km	⇧ 1.475 m	Zamkovského chata
9,2 km	⇧ 1.751 m	Skalnaté pleso
12,0 km	⇧ 1.520 m	Sedlo pod Malou Svišt'ovkou
13,7 km	⇧ 1.315 m	Rázcestie Folvarská pol'ana
17,8 km	⇧ 925 m	Bushaltestelle Biela Voda zastávka SAD P

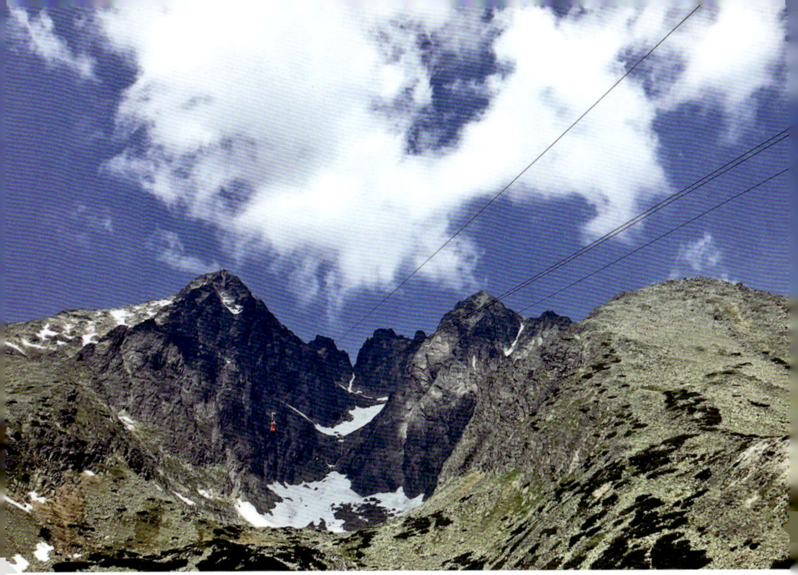

Luftseilbahn zur Lomnický štít

Wenn Sie sich den Seilbahnausflug zur Lomnický štít für atemberaubende Ausblicke auf die gesamte Tatra gönnen möchten, sollten Sie früh aufbrechen und bei günstiger Wettervorhersage am besten schon ein paar Tage vorher eine Fahrt für den Vormittag buchen. So können Sie entspannt zum dritthöchsten Gipfel gondeln. Der Aufstieg zur Seilbahn über die Tatranská magistrála und der Abstieg ins Tal Kežmarský Bielej Vody bergen keine größeren Herausforderungen, sodass Sie den Blick über das Tatravorland schweifen lassen können.

Sie steigen zunächst auf dem blau markierten Weg wie in der Tour ☞ „Ost-West-Querung (Teil 1)“, 2. Etappe, auf S. 52 für die Gegenrichtung beschrieben über **Vareškové pleso** ❶ und die Brücke über den **Vel'ký Studený potok** ❷ ins Vel'ká-Studená-Tal hinab und wandern dann weiter auf der rot gekennzeichneten Tatranská magistrála über die beiden Wegkreuze **Rázcestie nad Rainerovou chatou** ❸ und **Rázcestie pri Zamkovského chate** ❹, danach hinauf zum **Skalnaté pleso** ❺.

🚡 Ab hier bringt die Luftseilbahn Sie zur Lomnický štít (2.634 m). Ihre winzige rote Kabine fasst maximal 15 Personen und fährt bis zu dreimal die Stunde.

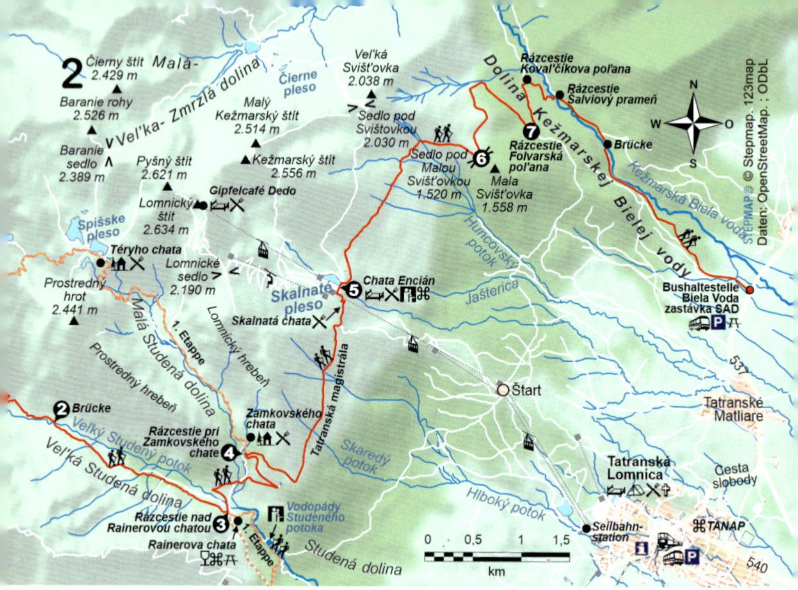

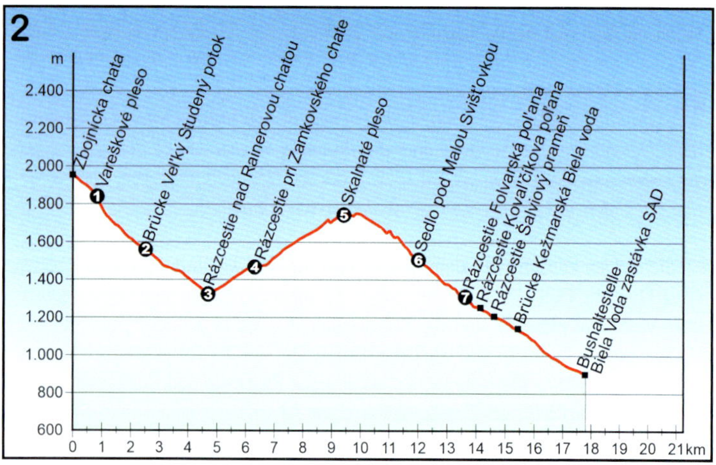

Tickets buchen Sie am besten einige Tage vorher: hin und zurück ab € 26 bzw. € 46 ab Tatranská Lomnica über www.gopass.sk (max. 7 Tage im Voraus buchbar) oder etwa € 1 teurer an der Seilbahnstation in Tatranská Lomnica (vom

Kreisverkehr am Westausgang des Ortes nach Norden, hinter dem Hotel Sasanka links), Informationen unter ☏ +421/903 11 22 00. Sie sollten ca. eine halbe Stunde vor Abfahrt der Seilbahn, die Sie gebucht haben, ankommen. Eine Fahrt dauert rund 15 Min. Oben haben Sie dann 1 Std. Zeit, um die Gipfelwelt der Tatra vom Plateau am dritthöchsten Gipfel der Hohen Tatra, das auch eine astronomische und metereologische Messstation beherbergt, zu bewundern. Insgesamt sollten Sie also etwa 2 Std. für das Seilbahnabenteuer einplanen.

Die Bewohner der Gegend um Kežmarok nennen die Lomnický štít auch „Dedo“, auf Deutsch Großvater. Zum einen dachten die Menschen lange, der Gipfel sei der höchste der Tatra, zum anderen sieht er von der Stadt am Fuß der Tatra wie ein Großvater mit langer Nase und langem Bart aus.

Blick vom Lomnický-Gipfel auf Téryho chata, im Hintergrund Gerlachovský štít, der Doppelgipfel des Vysoka und das krumme Horn des Kriváň

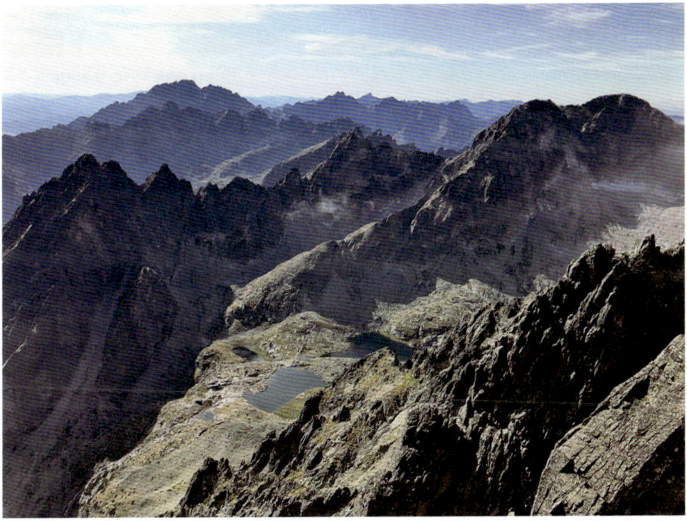

Schon beim Hinaufschweben blicken Sie auf die mächtige Wand des Kežmarský-Massivs im Osten. Auf der Aussichtsplattform sehen Sie nicht nur die Gipfel dieses Massivs in ganzer Pracht. Auch der gestrige Weg durch das Malá

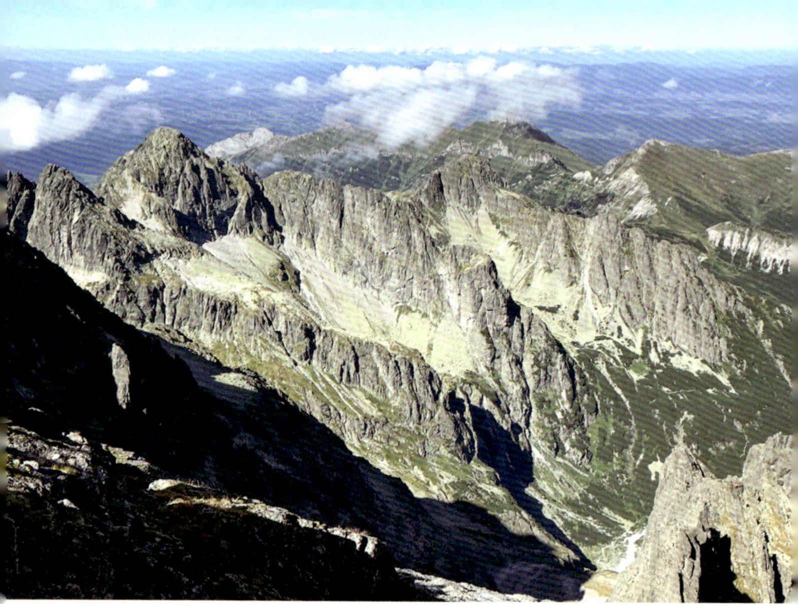

Jahňací štít (Bildmitte) und Kolový štít (links), vom Lomnický gesehen

Studená-Tal samt der Talstufe, an deren Rand die Téryho chata liegt, und der Übergangsscharte Priečne sedlo südlich des Siroká veža (2.462 m) ist von hier gut zu sehen. Weiter im Westen überragen Gerlachovský štít und die Doppelspitze des Vysoká (2.560 m) die Gipfelreihen. Zusammen mit dem Dreiergipfel des Rysy nördlich umrahmt der Vysoká den slowakischen Nationalberg Kriváň (☞ S. 70 ff.), dessen Spitzname „Krummhorn" sich von hier gut erschließt. Nach Nordwesten und Norden breitet sich die Gipfelkette mit Baranie rohy (2.526 m), Koloý štít (2.418 m) und dem Gipfelziel Jahňací štít (2.230 m, ☞ S. 87 ff.) als nordöstlichstem Gipfel vor Ihnen aus. Weiter im Norden und Nordosten sehen Sie die Belaer Tatra mit dem Übergang Široké sedlo (☞ S. 48) und der markanten Kalkgesteinskuppe Belianská koppa, die vor dem Ostkamm der Belaer Tatra liegt.

Das Gipfelcafé Dedo bietet auch eine Luxusübernachtung auf der Spitze an: Übernachtung im 2-Personen-Appartement mit 4-Gänge-Dinner, Frühstück und Seilbahntransfer ab € 622 je Appartement, im Appartement für bis zu 5 Personen ab € 715, Reservierung am besten schon im Vorjahr unter www.lomnickystit.com/sk.

Vom Skalnaté pleso steigen Sie wie in der Tour ☞ „Süd-Nord-Ost-Querung", 1. Etappe, auf S. 95 beschrieben über den **Sedlo pod Malou Svišt'ovkou** ❻ und den Wegweiser **Rázcestie Folvarská pol'ana** ❼ zur 🚌 🅿 Bushaltestelle am Parkplatz Biela Voda hinab, von wo aus Sie mit dem Bus z. B. nach Tatranská Lomnica kommen.

Tatrablumen

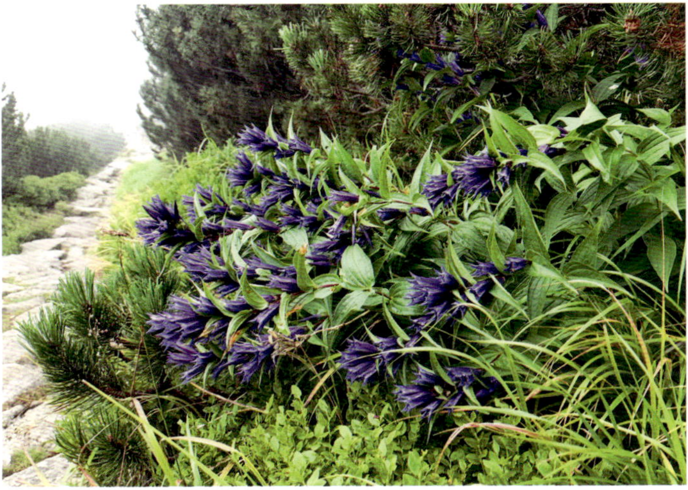

Informationen zum Ort und Tipps zur Übernachtung in Tatranská Lomnica finden Sie in der Tour ☞ „Zur Räuberhütte", 1. Etappe, auf S. 80.

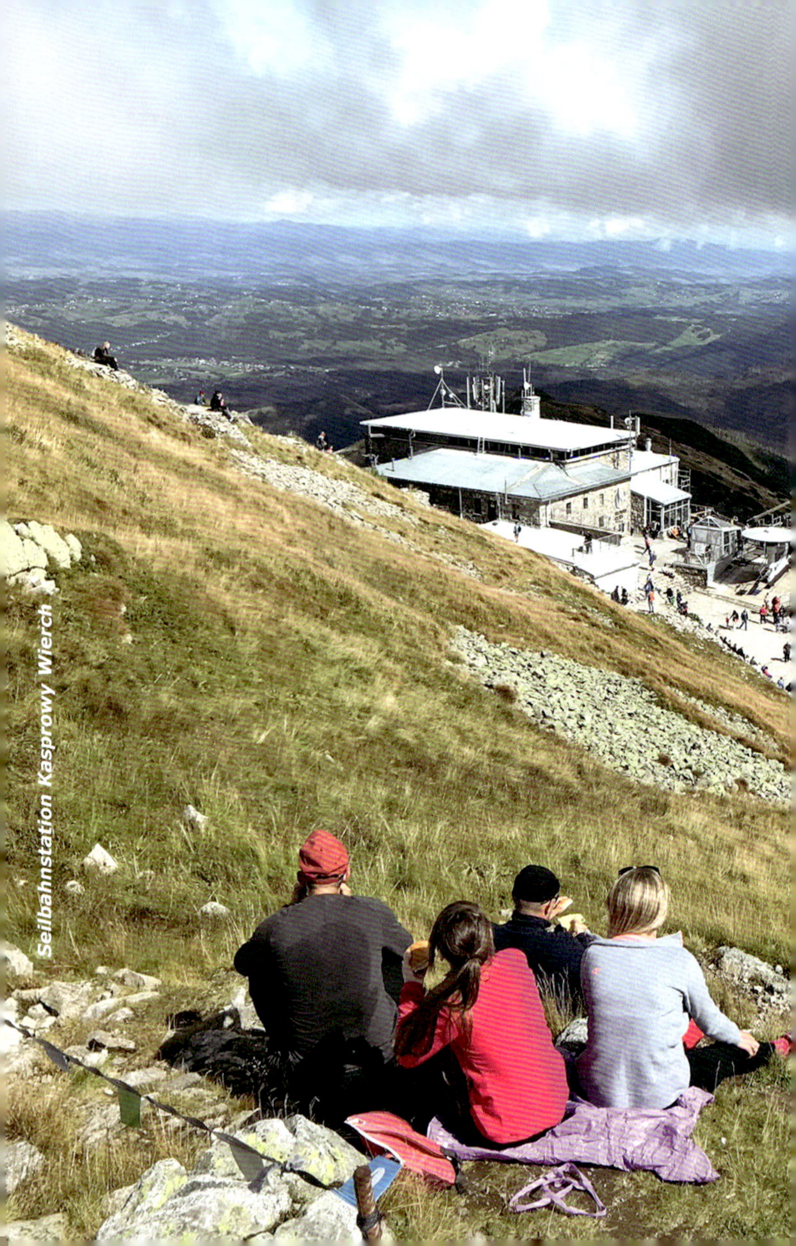

Seilbahnstation Kasprowy Wierch

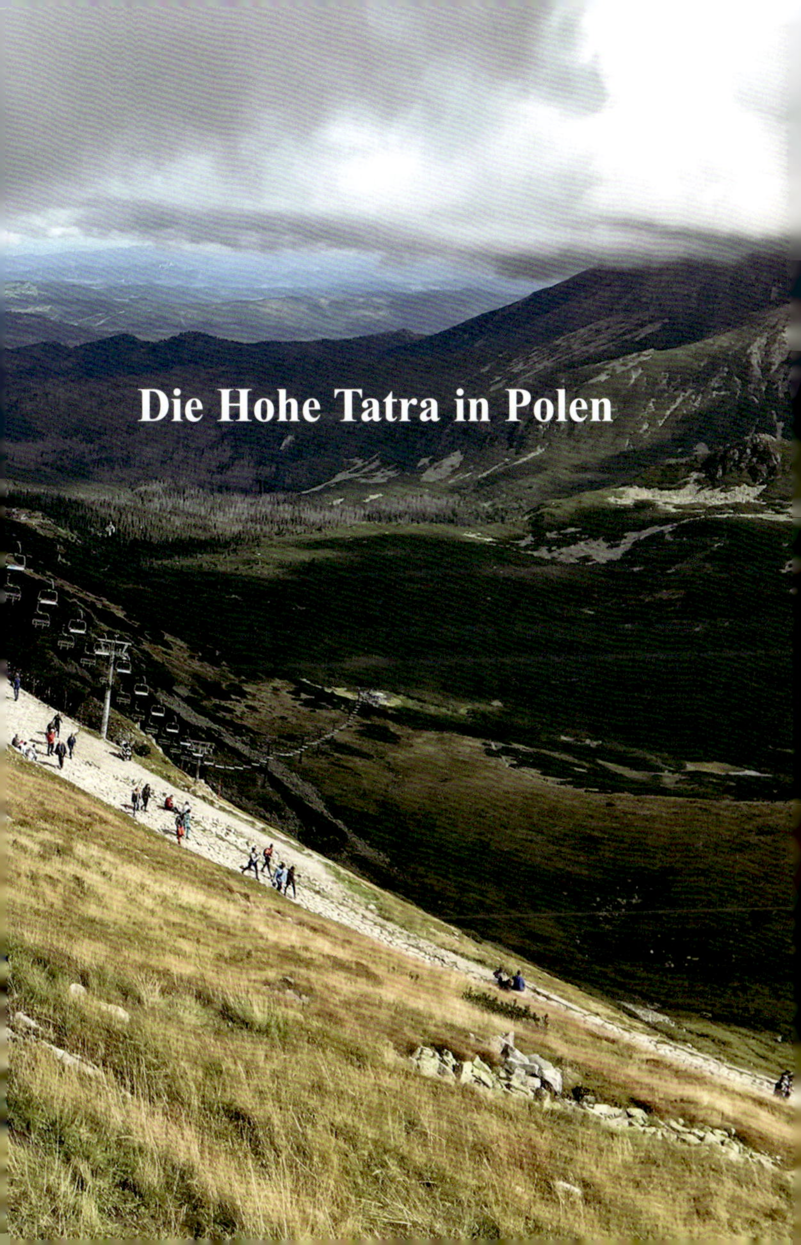
Die Hohe Tatra in Polen

Den Auftakt im belebteren, da wesentlich kleineren polnischen Teil der Hohen Tatra macht die wunderschöne, meist einfache Grenzkammwanderung der Dreitagestour „**Zum Fünfseental**". Zu diesem Tal geht es über einen Pass am östlichen Ende des schwierigsten Wanderwegs der Tatra. Allerdings birgt der Pass abgesehen von steilen, manchmal schottrigen Passagen auch für weniger geübte Bergwanderer keine allzu großen Herausforderungen. Ebenso ist der übrige Tourenverlauf über einen weiteren Übergang dank Kettensicherung machbar und wird von einem wunderschönen Waldtal mit Polens höchstem Wasserfall abgerundet.

Die ebenfalls drei Tage lange Tour „**Nord-Süd-Querung**" führt zunächst sanft durch teilweise wilden Wald und über romantische Almen am Nordrand der Hohen Tatra von West nach Ost, um dann über den Grenzgipfel Rysy südwärts in die Slowakei zu verlaufen. Inklusive Gipfelquerung birgt sie für erfahrene Bergwanderer bei eisfreien Bedingungen keine großen Schwierigkeiten – abgesehen von der Geduld, die man bei schönem Wetter am Rysy aufbringen muss, wenn man nicht schon vor den Menschenmassen oben ist.

Zakopane

Die Touristeninformation finden Sie in der Tadeusza Kościuszki 17 (rund 5 Min. südwestlich vom Bahnhof). ☏ +48/182 01 22 11, info@promocja.zakopane.pl, www.zakopane.pl, Jan, Feb, Juli und Aug täglich 9:00 bis 17:00, sonst So geschlossen

Beinahe scheint es, als bestehe Zakopane komplett aus Restaurants und Gästezimmern (pokoje gościnne). Schon bei einem kurzen Stadtbummel sehen Sie links und rechts Ihres Wegs zahllose Möglichkeiten, von denen hier nur ein paar Beispiele genannt seien (Gehzeiten ab Bahnhof):

- Hotel Helios (vom Bus- und Zugbahnhof an der Straße Chramcówki nach Südwesten in die Tadeusza Kościuszki, kurz nach der Kreuzung mit der Henryka Sienkiewicza quer durch den Park nach rechts bzw. Nordwesten bis zur Słonenca und gleich wieder links zum Hotel, ⧗ ca. 10 Min.), ☏ +48/182 01 38 08, rezerwacja@hotel-helios.pl, Ü ab Zł 130, ÜF ab Zł 156
- Halny Pensjonat (wie zum Hotel Helios, von der Tadeusza Kościuszki aber nach links in die Henryka Sienkiewicza und dann rechts in die Zufahrt zur Pension. ⧗ ca. 10 Min.), ☏ +48/182 01 20 41, biuro@halny.pl, ÜF ab Zł 150
- Willa Orla (von der Kreuzung Tadeusza Kościuszki mit der Fußgängerzone Krupówki rechts in diese abbiegen, am Ende links in die Kościeliska, geradeaus liegt die Willa, ⧗ ca. 15 Min.), ☏ +48/182 01 26 97, +48/182 06 68 53, willa@orla.com.pl, ÜF ab Zł 125

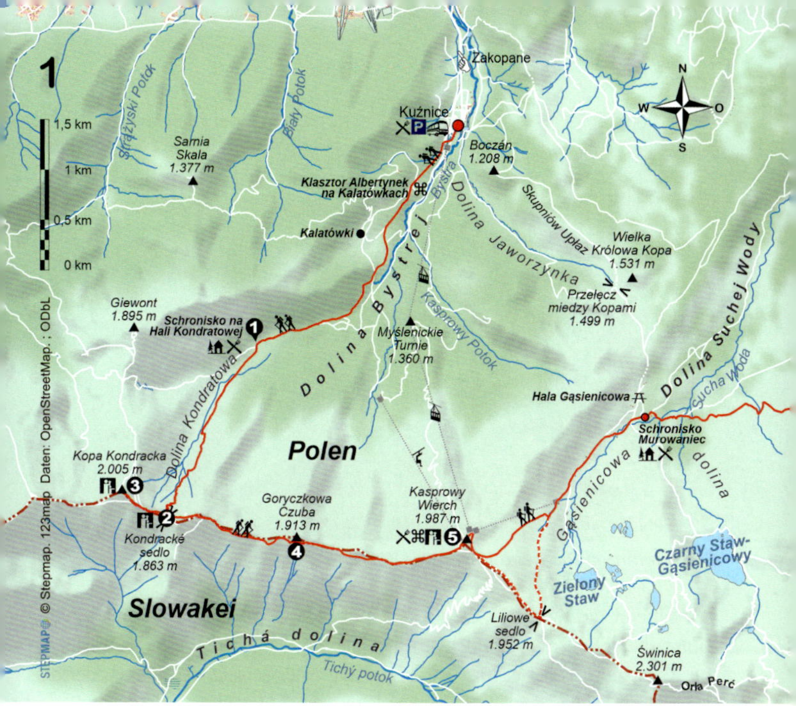

1
1,5 km
1 km
0,5 km
0 km
Zakopane
Kuźnice
Boczán 1.208 m
Sarnia Skala 1.377 m
Strążyski Potok
Biały Potok
Klasztor Albertynek na Kalatówkach
Kalatówki
Bystra
Dolina Bystrej
Dolina Jaworzynka
Skupniów Upłaz
Wielka Królowa Kopa 1.531 m
Przełęcz miedzy Kopami 1.499 m
Giewont 1.895 m
Schronisko na Hali Kondratowej
Myślenickie Turnie 1.360 m
Kasprowy Potok
Dolina Kondratowa
Dolina Suchej Wody
Sucha Woda
Hala Gąsienicowa
Schronisko Murowaniec
Polen
Kopa Kondracka 2.005 m
Kondracké sedlo 1.863 m
Goryczkowa Czuba 1.913 m
Kasprowy Wierch 1.987 m
Gąsienicowa dolina
Czarny Staw Gąsienicowy
Zielony Staw
Slowakei
Liliowe sedlo 1.952 m
Świnica 2.301 m
Orla Perć
Tichá dolina
Tichý potok
STEPMAP © Stepmap. 123map Daten: OpenStreetMap.; ODbL

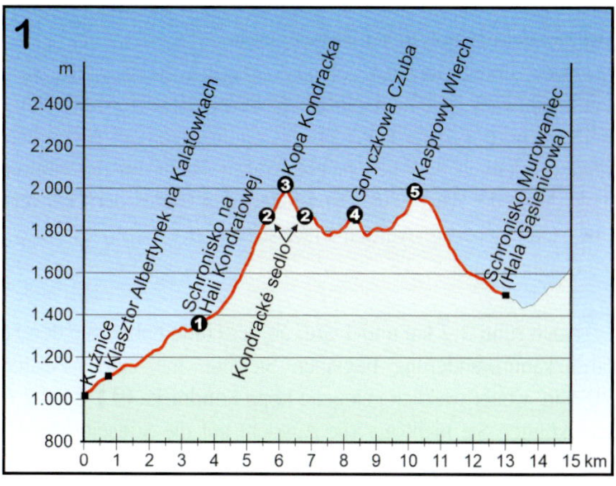

1
m
2.400
2.200
2.000
1.800
1.600
1.400
1.200
1.000
800
0 1 2 3 4 5 6 7 8 9 10 11 12 13 14 15 km
Kuźnice
Klasztor Albertynek na Kalatówkach
Schronisko na Hali Kondratowej
Kondracké sedlo
Kopa Kondracka
Goryczkowa Czuba
Kasprowy Wierch
Schronisko Murowaniec (Hala Gąsienicowa)

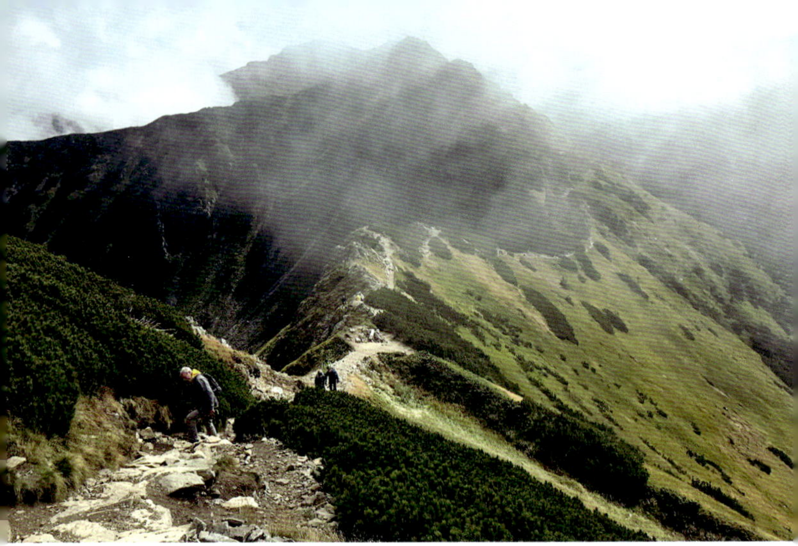

Grenzkamm in Richtung Kasprowy Wierch

Während des Aufstiegs ist der Giewont (1.895 m) mit seinem markanten, 15 m hohen Eisenkreuz als höchste Erhebung des Kamms im Westen gut sichtbar. Von Zakopane aus hat er für viele die Gestalt eines schlafenden Ritters, der der Legende nach über das Wohl des Landes wacht. Mit mehreren Hundert Besuchern täglich in den Sommermonaten ist der Kalksteinberg wohl das beliebteste Wanderziel der polnischen Hohen Tatra.

Den Gipfelbesuchern vom 22. August 2019 wurde das zum tragischen Verhängnis: Nach einem plötzlichen Wetterumschwung schlug ein Blitz in die Kettensicherung kurz unterhalb des Gipfels ein, vier Menschen – darunter zwei Kinder – kamen ums Leben, ebenso ein Mann auf der slowakischen Seite, der wohl durch die Wucht eines einschlagenden Blitzes den Halt verlor und abstürzte. Etwa 150 Menschen wurden teilweise schwer verletzt. ☞ „Reise-Infos von A bis Z, Gefahren" auf S. 32

Nach rund 2,2 km und 1 Std. ab der Hütte haben Sie den Sattel erreicht. Die Grenzkammwanderung beginnen Sie nun mit einem Abstecher auf die ca. 20 Min. weiter westlich gelegene **Kopa Kondracka** ❸ auf 2.005 m Höhe. Von hier können Sie nicht nur die Aussicht auf die Südseite des Giewont genießen, sondern auch nach Süden auf das wunderschön grün in der Tiefe gelegene Tal Tichá dolina (Stilles Tal) der slowakischen Westtatra blicken.

Von diesem höchsten Punkt der Grenzkammwanderung liegt Ihnen zudem Ihr Weg nach Osten zum Kasprowy Wierch zu Füßen.

Während Sie diesen Weg für ungefähr 1 Std. 30 Min. und 4 km entlangwandern, unter anderem am **Gipfel Goryczkowa Czuba** ❹ (1.913 m) vorbei, können Sie beobachten, wie sich ins Kalkgestein der Westtatra Graniteinschläge mischen. Immer wieder überwinden Sie diese in Form von teilweise schroffen Felsen im ansonsten eher sanften Auf und Ab des Kamms.

Vom **Kasprowy Wierch** ❺ (1.987 m, Kasparskogel) ✕ ⌘ sehen Sie als Erstes die ⌘ Sternwarte, die hier 1938 zwei Jahre nach der Seilbahn erbaut wurde. Sie dient als astronomische und metereologische Beobachtungsstation.

Trotz der Besuchermassen lässt sich von der Aussichtsterrasse bei der Sternwarte noch einmal der Ausblick genießen: nach Süden auf den unverkennbar krummen Kriváň und nach Südosten auf die Świnica, einen Doppelgipfel von 2.301 m maximale Höhe mit dem deutschen Namen Seealm- oder auch Sauspitze.

✕ Im Restaurant Poziom 1959 gibt es neben dem Buffet mit Deftigem, Kaffee und Kuchen ein schönes Panorama und direkten Zugang zur Bergstation der oben beschriebenen Seilbahn.

Sie haben nun die Wahl, ob Sie über den gelben Weg direkt nach Nordosten ins schöne Dolina Gąsienicowa absteigen oder den Weg um etwa 30 Min. verlängern, indem Sie bis zum Liliowe-Pass weiter mit Grenzkammpanorama wandern und dann auf dem grünen Weg absteigen. Östlich des Liliowe beginnt übrigens die granitdominierte Hohe Tatra.

Nach etwa 2,7 km und rund 35 Min. auf dem gelb markierten Weg, der über große Steine nach unten führt, bzw. 20 Min. weiter auf dem Grenzkamm über den roten Weg bis zum Przełęcz Liliowa und dann ca. 40 Min. über den grün ausgezeichneten Weg hinab erreichen Sie die **Gąsienicowa-Alm** ⩩, auf der auch die Hütte **Schronisko Murowaniec** liegt.

✕ Die 1920 eröffnete, massive Steinhütte hat zwar als größte Schutzhütte 116 Betten, ist aber wie eigentlich alle polnischen Tatrahütten notorisch ausgebucht. ☺ Die Hütte nimmt ab dem 1. Januar Reservierungen für das laufende Jahr an. Wer dann schon bucht, hat die besten Chancen. ☏ +48/182 01 26 33, +48/539 53 79 10, rezerwacje@murowaniec.com, www.murowaniec.com, ganzjährig geöffnet, Ü ab Zł 70 im MBZ, F nach Auswahl vom Menü, Duschen und Waschmaschine vorhanden

2. Etappe: Hala Gąsienicowa – Morskie Oko

➲ 12,5 km, ⌛ 5 Std. 10 Min., ↑ 1.111 m, ↓ 1.195 m, ⇧ 1.400-2.112 m

0,0 km	⇧ 1.500 m	Schronisko Murowaniec (Hala Gąsienicowa)
2,4 km	⇧ 1.628 m	Wegkreuz Dolina Panszczyca
5,2 km	⇧ 2.112 m	Przełęcz Krzyżne
6,3 km	⇧ 1.700 m	Buczynowa Siklawa
8,5 km	⇧ 1.672 m	Schronisko Pięciu Stawów Polskich
9,4 km	⇧ 1.763 m	Swistowa Czuba
12,5 km	⇧ 1.395 m	Morskie Oko

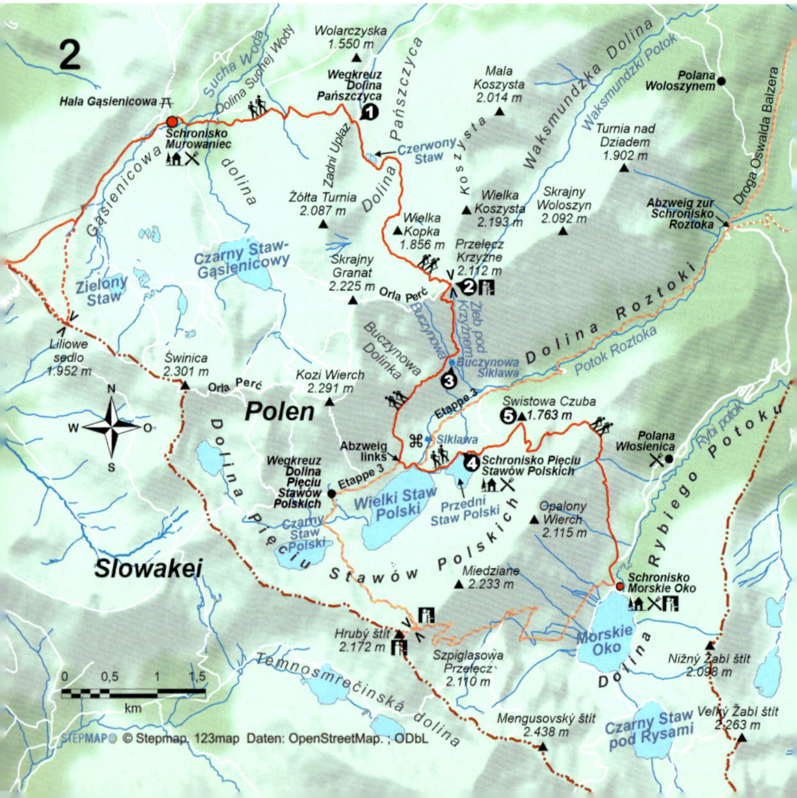

Über den Krzyżne, den östlichsten Pass des berüchtigten Orla Perć, der als schwierigster Tatrawanderweg gilt, führt die heutige Etappe ins Herz der polnischen Hohen Tatra: das Dolina Pięciu Stawów Polskich (Tal der fünf polnischen Seen). Der Passübergang ohne Kettensicherung ist zwar abschnittsweise ziemlich steil, aber gut machbar – zur Not auch auf allen Vieren. Der Wandertag endet am wohl berühmtesten der polnischen Seen: am Morskie Oko (Meerauge).

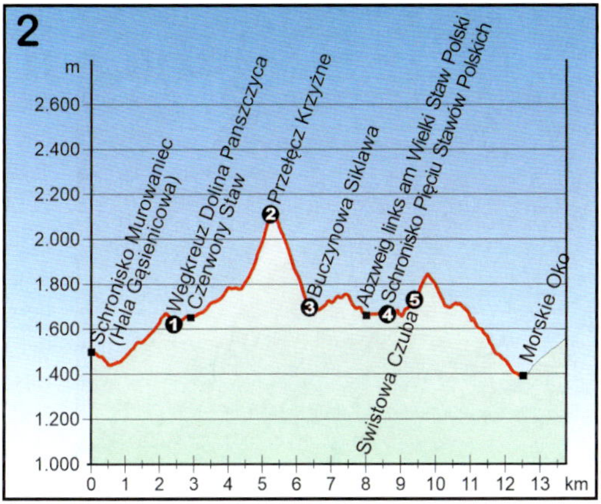

Von der Schronisko Murowaniec starten Sie auf dem gelb markierten Weg in Richtung Osten zum Przełęcz Krzyżne. Der Weg biegt kurz nach der Hütte rechts ab und führt am Talende des Dolina Suchej Wody auf verwunschenem Pfad an einen Zufluss des Sucha Woda hinab. Dabei sehen Sie am Hang unterhalb des Zadni Uplaz gegenüber bereits, wo Sie wieder hinauf müssen. Nach etwa 300 m teilt sich der Weg. Sie bleiben auf dem gelb markierten Weg, der auf 1.680 m führt und dann ins Pańszczyca-Tal absteigt.

Nach ca. 50 Min. und 2,4 km erreichen Sie hier das **Wegkreuz des Dolina Pańszczyca ❶**, an dem der Weg rechts abzweigt, um etwa 300 m weiter den Czerwony Staw zu erreichen. Nun geht es erst gemütlich bergan, westlich um die Wielka Kopka herum und dann immer steiler zwischen den Bergkämmen Koszysta im Osten und dem Kamm des berüchtigten Orla Perć (Adlerweg) im Süden zum Krzyżne-Pass auf 2.112 m Höhe, wo sich die beiden Kämme treffen. Kettensicherungen gibt es hier nicht, Schotter und Felsrinnen kurz unter dem Pass können Sie nötigenfalls auf Händen und Füßen bezwingen.

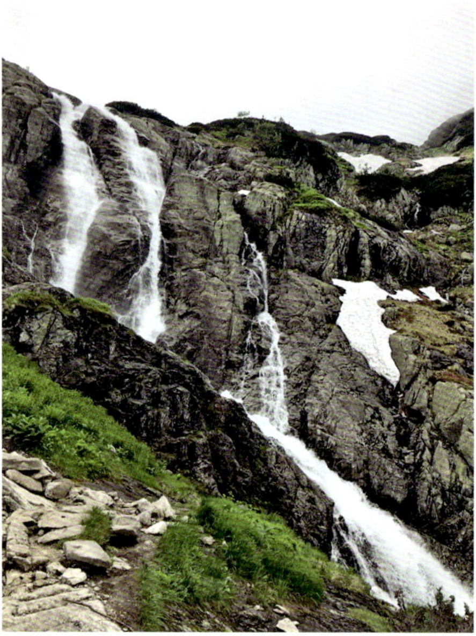
Siklawa-Wasserfall, der höchste Polens

Rund 2,8 km und 1 Std. 25 Min. ab der letzten Weggabelung haben Sie mit dem östlichsten Pass des Orla Perć den höchsten Punkt der Etappe erreicht. Vom **Przełęcz Krzyżne** ❷ („Kreuzpass") können Sie den Überblick über das Fünfseental und große Teile der Hohen Tatra genießen.

Auf der Südseite geht es für etwa 1 km und ca. 430 Höhenmeter besonders am Anfang steil (und bei feuchtem Wetter auch rutschig) über Felsrinnen und -rücken die Rinne Zleb pod Krzyżnem hinab. Bevor Sie das unter Ihnen liegende Roztoki-Tal erreichen, verläuft der Weg nach Südwesten. Nun sind es noch ca. 2,3 km und etwa 1 Std. bis zur Hütte Schronisko Pięciu Stawów Polskich. Sie queren den kleinen, teilweise wasserfallartigen Bach **Buczynowa Siklawa** ❸, der in den Fluss Potok Roztoka stürzt, und lassen das „Tälchen" Buczynowa Dolinka unter der Südflanke des Skrajny Granat rechts liegen. Am Abzweig beim Gletschersee Wielki Staw Polski, auf Deutsch „großer polnischer See" und mit einer maximalen Tiefe von 79,3 m der tiefste und vom Volumen zugleich größte See der Hohen Tatra, nehmen Sie den blau markierten Weg links nach Osten. Knapp 15 Min. weiter haben Sie die beliebte **Fünfseenhütte** ❹ auf 1.672 m Höhe erreicht.

Die **Schronisko Pięciu Stawów Polskich** ist die höchstgelegene Hütte der polnischen Tatra und die einzige, die wirklich in der Wildnis liegt. Sie hat 70 Betten. ☎ +48/781 05 55 55, schronisko@piecstawow.pl, www.piecstawow.pl, ganzjährig geöffnet, Ü im MBZ ab Zł 50, Frühstück und Abendessen nach Auswahl vom Menü, Duschgelegenheit

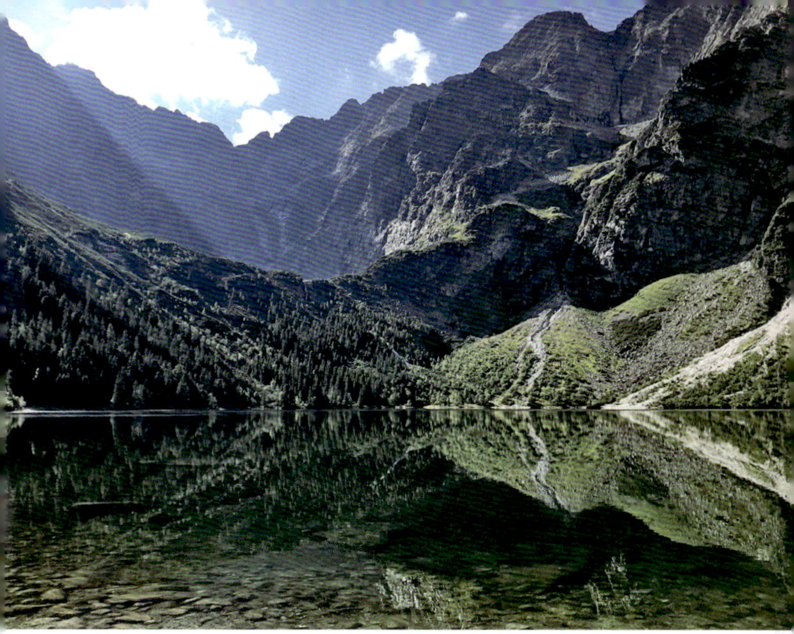

Panorama am Morskie Oko mit Rysy links (ganz links davor Niżnie Rysy)

Weiter geht es 230 m entlang des Sees Przedni Staw Polski (auf Deutsch „vorderer polnischer See"), der durch den Fluss Roztoka mit dem Wielki Staw Polski verbunden und ebenfalls ein Gletschersee mit 34,6 m Tiefe ist, auf dem blauen Weg in Richtung Morskie Oko. Schnell beginnt der Anstieg auf den **Swistowa Czuba ❺** (1.763 m) und weiter hinauf auf den Nordwestgrat des Opalony Wierch (2.115 m). In etwa 30 Min. und 1,2 km steigen Sie auf 1.840 m hinauf. Jetzt geht es runter, dann wieder hinauf und nördlich um die Bergkette mit Miedziane (2.233 m) und Opalony im Süden des Tals Dolina Pięciu Stawów Polskich herum. Nach einer knappen Stunde und rund 2,3 km sehen Sie beim Abstieg ins Nachbartal Rybiego Potoku (Fischbachtal) nach Süden zum ersten Mal den größten und wohl berühmtesten See der Hohen Tatra, Morskie Oko.

Nach 4 km und 1 Std. 30 Min. ab der Fünfseenhütte liegt der See auf 1.395 m Höhe direkt vor Ihnen. Bei guter Sicht haben Sie von der Terrasse der Schronisko Morskie Oko ein eindrucksvolles Bergpanorama mit dem Rysy links vor sich, das sich im türkisgrünen See spiegelt.

Die Betten der im Zakopane-Holzhaus-Stil gebauten Hütte am Morskie Oko sind so beliebt, dass die Hüttenwirte empfehlen, ein Jahr im Voraus zu buchen. Die Unterkunft besteht aus zwei Hütten: der alten und zugleich ältesten Hütte der polnischen Tatra, gebaut 1874, mit 43 Betten in drei größeren Schlafsälen und der neuen Hütte (seit 1908) mit 35 Betten in kleineren Mehrbettzimmern. ☏ +48/182 07 76 09, +48/602 26 07 57, www.schroniskomorskieoko.pl, Ü im MBZ ab Zł 43 in der alten Hütte und Zł 60 in der neuen, Frühstück und Abendessen nach Auswahl vom Menü, Duschgelegenheit

3. Etappe: Morskie Oko – Lysá Pol'ana

16,8 km, 5 Std. 40 Min., ↑ 780 m, ↓ 1.205 m, ⇧ 970-2.110 m

0,0 km	⇧ 1.395 m	Morskie Oko
4,3 km	⇧ 2.110 m	Szpiglasowa Przełęcz
6,0 km	⇧ 1.728 m	Czarny Staw Polski
6,5 km	⇧ 1.742 m	Wegkreuz Dolina Pięciu Stawów Polskich
7,6 km	⇧ 1.661 m	Abzweig zur Schronisko Pięciu Stawów Polskich
8,0 km	⇧ 1.591 m	Siklawa-Wasserfall ⌘
12,4 km	⇧ 1.100 m	Abzweig zur Schronisko Roztoka
15,3 km	⇧ 984 m	Palenica Białczańska
16,8 km	⇧ 970 m	Lysá Pol'ana

Diese Etappe führt Sie im Uhrzeigersinn vom größten See der polnischen Tatra über einen Pass und nach dem kettengesicherten Abstieg zurück ins Fünfseental, das Sie heute fast in seiner ganzen Pracht durchwandern. Kurz nach dem Übergang ins Waldtal Dolina Roztoki kommen Sie am Siklawa vorbei, dem höchsten Wasserfall Polens, ehe der Talweg Sie aus den Tatrabergen hinausführt. Wer mag, ergänzt die Etappe um einen Gipfelbesuch und einen kurzen Abstecher zur Roztoka-Hütte.

Der Wegweiser vor der Schronisko Morskie Oko zeigt Ihnen an, dass Sie zum ersten Teilziel Szpiglasowa Przełęcz für 2 Std. 25 Min. der gelben Markierung folgen müssen. Dazu gehen Sie etwa 4,3 km auf technisch einfachem Weg am Südosthang des Miedziane hinauf. Dabei begleitet Sie nicht nur ein schöner Rückblick auf den Morskie Oko, sondern bald auch die Aussicht auf den Czarny Staw pod Rysami im Südosten, der über dem Morskie Oko und unter dem Rysy

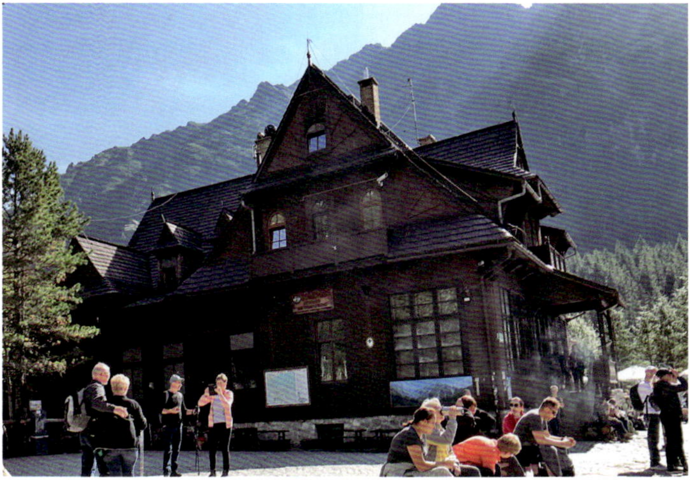

Schronisko Morskie Oko

(☞ Nord-Süd-Querung, S. 140) liegt. In großen Serpentinen erreicht der Weg den **Szpiglasowa Przełęcz** ❶ auf 2.110 m Höhe.

↬ Ab hier ist ein etwa 30 Min. langer Abstecher auf den Gipfel Szpiglasowy Wierch (2.172 m, slowakisch Hrubý štít) möglich, von dem Sie den Blick nach Südwesten ins wilde Temnosmrečinská dolina in der Slowakei, im Norden auf das Dolina Pięciu Stawów Polskich und im Osten auf Morskie Oko samt der ihn umgebenden Gipfelkulisse schweifen lassen können.

Auf der Nordseite des Passes fordert der Abstieg an einer steileren Felspassage die nächsten ca. 70 m Trittsicherheit und Konzentration. Die Eisenketten können Sie hier gut brauchen, während Sie im Rückwärtsgang den nächsten Halt suchen oder die Füße in die Felsen stemmen.

Nach rund 15 Min. ist der Part geschafft und der Weg wird wieder einfacher. Über große Steine führt er die nächsten 1,6 km in die Ebene zwischen den beiden Seen **Czarny Staw Polski** ❷ und Wielki Staw Polski auf 1.728 m Höhe. Sie queren einen Zufluss in den Wielki Staw auf teilweise wackligen Steinen und kommen an ein Wegkreuz im **Dolina Pięciu Stawów Polskich** ❸, an dem es links Richtung Orla Perc geht. Sie folgen dem blauen Weg nach Osten bzw. rechts.

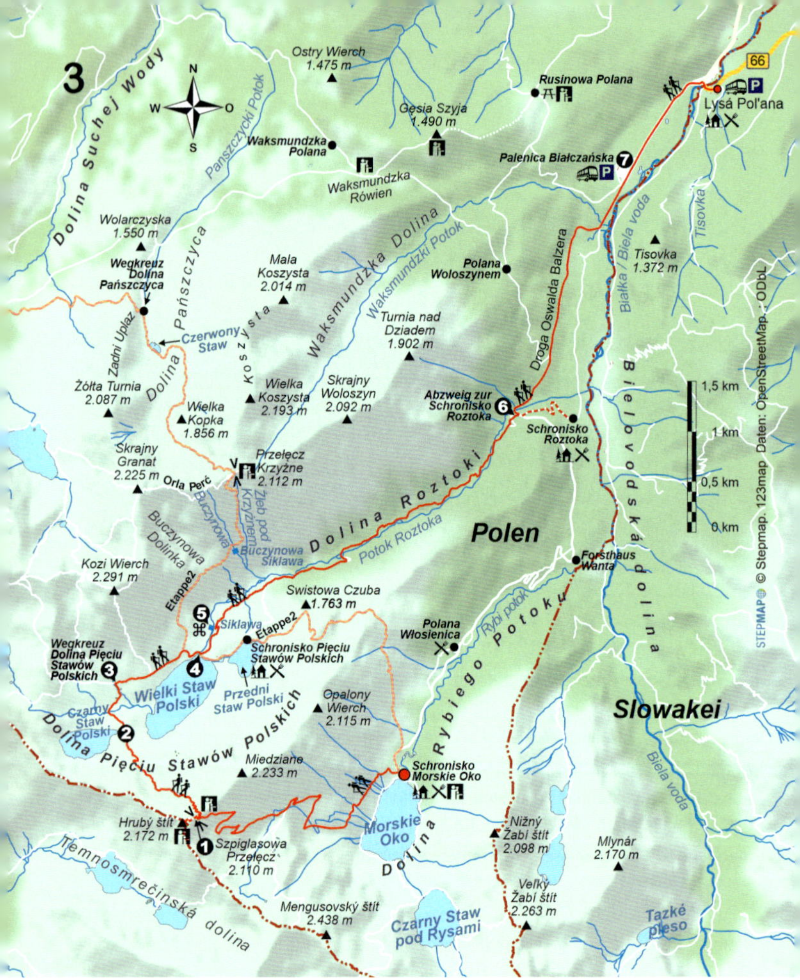

Nach etwa 1,1 km entlang des Wielki Staw nehmen Sie am **Abzweig zur Schronisko Pięciu Stawów Polskich** ❹ entweder weiter den blauen Weg zur Hütte 🏠 ✕ 🚿 (☞ 2. Etappe) oder machen sich der grünen Markierung folgend an den Abstieg durch das Dolina Roztoki.

Über etwa 4,8 km geht es nun rund 580 Höhenmeter bis auf 1.120 m am Ende des Tals hinab. Gleich auf den ersten 500 m können Sie den **Siklawa-Was-**

serfall ❺ ⌘ bewundern, Polens höchsten Wasserfall, der 80 m in die Tiefe stürzt. Über grobe Steine wandern Sie das malerische Waldtal hinab, an dessen Ende Sie auf die geteerte Straße Droga Oswalda Balzera und den **Abzweig zur Schronisko Roztoka ❻** stoßen.

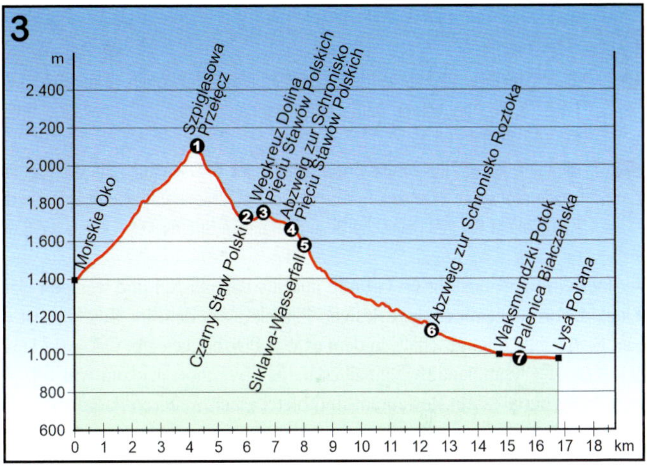

➯ An der Kreuzung können Sie überlegen, ob Sie sich nach dem langen Abstieg den insgesamt 30 Min. langen Abstecher zur gemütlichen Schronisko Roztoka (1.031 m) für eine Erfrischung gönnen – dank der kräftigen Stimme der Wirtin ist es auch für Gäste im Garten gut hörbar, wenn die Bestellung bereitsteht.

Die Hütte verfügt über 75 Betten. ☎ +48/609 00 17 60, +48/600 44 37 33, biuro@schroniskoroztoka.pl, www.schroniskoroztoka.pl, ganzjährig geöffnet, Ü ab Zł 60, F ab Zł 8 nach Auswahl vom Menü

Die Straße führt vom Grenzort Lysá Pol'ana hoch zum Morskie Oko, ist aber ab dem **P** Parkplatz **Palenica Białczańska ❼**, den Sie nach 3 km auf der Straße erreichen, für Fahrzeuge mit mehr als 2 PS gesperrt. Pferdekutschen bringen Wanderer und andere Ausflügler dagegen regelmäßig hoch und runter.

Der Abstieg nach Lysá Pol'ana verläuft bis zum Kreisverkehr auf der Droga Oswalda Balzera nach Norden, dann biegen Sie nach Osten ab und queren sowohl die Brücke als auch die Landesgrenze über den Białka. Nach 16,8 km (ohne Abstecher) ist diese Etappe auf der slowakischen Seite am Busparkplatz zu Ende.

Lysá Pol'ana

Gleich am Busparkplatz liegt auch die Herberge Tatra Forum: Ü im MBZ ab € 10, ÜF € 13, mit Angabe von Datum und Personenzahl per SMS reservieren unter: ☏ +421/918 18 88 80.

Mit der Buslinie 706425 des Busunternehmens SAD kommen Sie von hier weiter in die Tatraorte der Slowakei. In die polnischen Tatraorte und ebenfalls in die der Slowakei bringt Sie das polnische Busunternehmen Strama. ☞ Details auf S. 40

Der Grenzort besteht im Grunde nur aus Parkplätzen und wenigen Häusern. Eines davon, gegenüber dem riesigen Parkplatz, an dem Ihr Bus hält, ist ein Bistro mit Ladengeschäft, in dem es v. a. Prozentiges gibt (☏ +421/524 49 91 41, lysapolana26@gmail.com, www.morskieokotatry.com). Außerdem beherbergt es ein Restaurant und bietet einen weiteren Parkplatz.

Stärkung nach dieser Etappe

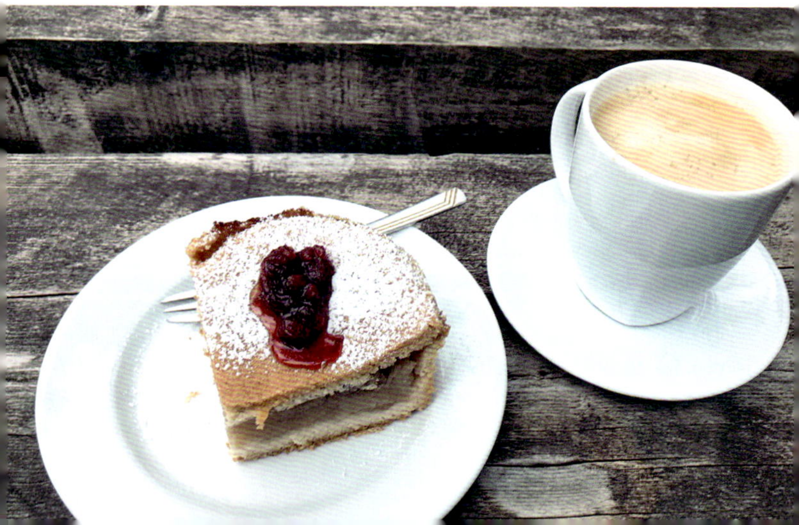

Variante 1: 4-Tages-Tour

Wer gerne im Fünfseental oder im Dolina Roztoki übernachten möchte, könnte die 3. Etappe entsprechend abkürzen und noch eine 4. Etappe über Rusinowa Polana, Gęsia Szyja und die Hochfläche Waksmundzka Rówien bis Kuźnice anhängen, die der ersten Etappe der Tour ☞ „Nord-Süd-Querung", S. 140, in Gegenrichtung entspricht. Dazu folgen Sie der oben beschriebenen 3. Etappe entweder ab Schronisko Pięciu Stawów Polskich über das Wegkreuz Dolina Pięciu Stawów Polskich bis Palenica Białczańska und ab hier dann der 1. Etappe der Tour „Nord-Süd-Querung" in Gegenrichtung. Oder Sie gehen die 3. Etappe dieser Tour bis zur Schronisko Roztoka. Dann entspricht Ihre 4. Etappe der 1. Etappe der „Nord-Süd-Querung" komplett in Gegenrichtung.

Die 3. Etappe wäre dann 8,2 km bis Schronisko Pięciu Stawów Polskich bzw. 13,2 km bis Schronisko Roztoka lang und würde ca. 3 Std. 35 Min. bzw. 5 Std. 15 Min. dauern. Die 4. Etappe wäre ab Schronisko Pięciu Stawów Polskich 24,2 km, ab Schronisko Roztoka 18,4 km lang, Zeitbedarf 7 Std. 45 Min. bzw. 6 Std. 15 Min.

Variante 2: 2-Tages-Tour

Die gesamte Tour lässt sich auch zu einer 2-Tages-Tour abkürzen, indem Sie bereits am ersten Tag bis zur Schronisko Pięciu Stawów Polskich wandern und dort übernachten. Die erste Etappe ist dann 21,5 km und ca. 8 Std. 25 Min. lang, die zweite 20,8 km und 7 Std. (ohne Abstecher).

Die erste Etappe ließe sich auch noch abkürzen, indem Sie von Kuźnice auf dem blauen oder gelb markierten Weg in Richtung Südosten über die Kuppe Wielki Królowa Kopa (1.531 m) auf direktem Weg zur Hala Gąsienicowa wandern. Die Gesamtlänge der Etappe wäre dann 13,2 km (5 Std. 40 Min.).

☺ Wenn Sie können, sollten Sie die unvergleichlich schöne Grenzkammwanderung der eigentlichen 1. Etappe dieser Tour dann aber ein anderes Mal nachholen.

Nord-Süd-Querung

1. Etappe: Kuźnice – Dolina Roztoki

18,4 km, 5 Std. 30 Min., ↑ 1.126 m, ↓ 1.089 m, ⇧ 987-1.628 m

0,0 km	⇧ 1.025 m	Kuźnice
1,2 km	⇧ 1.208 m	Boczán
3,2 km	⇧ 1.499 m	Przełęcz miedzy Kopami
4,5 km	⇧ 1.514 m	Hala Gąsienicowa
4,7 km	⇧ 1.500 m	Schronisko Murowaniec
7,9 km	⇧ 1.550 m	Wegkreuz Wolarczyska
10,4 km	⇧ 1.405 m	Waksmundzka Rówien
11,3 km	⇧ 1.490 m	Gęsia Szyja
12,6 km	⇧ 1.210 m	Rusinowa Polana
18,4 km	⇧ 1.031 m	Schronisko Roztokia

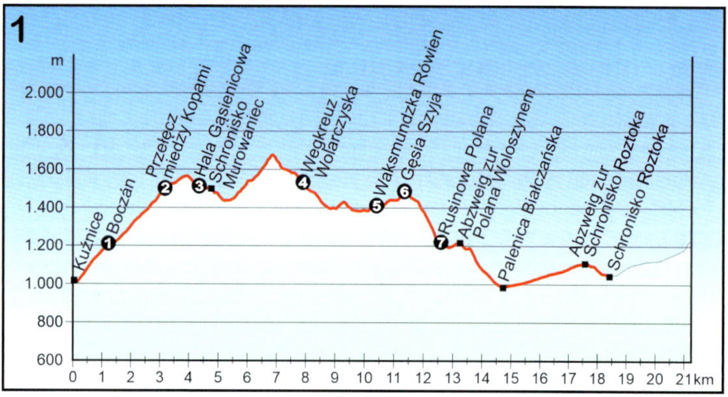

Die heutige Wanderung eignet sich gut als Kennenlerntour: Sie nähern sich der polnischen Tatra, indem Sie wilde Waldflächen, uralte Almen und mittelgebirgsartige Felslandschaften am Nordrand des Tatra-Nationalparks durchqueren – nicht ohne immer wieder Ausblicke auf die „richtigen" Tatragipfel im Süden zur Einstimmung auf die folgenden Etappen zu bekommen.

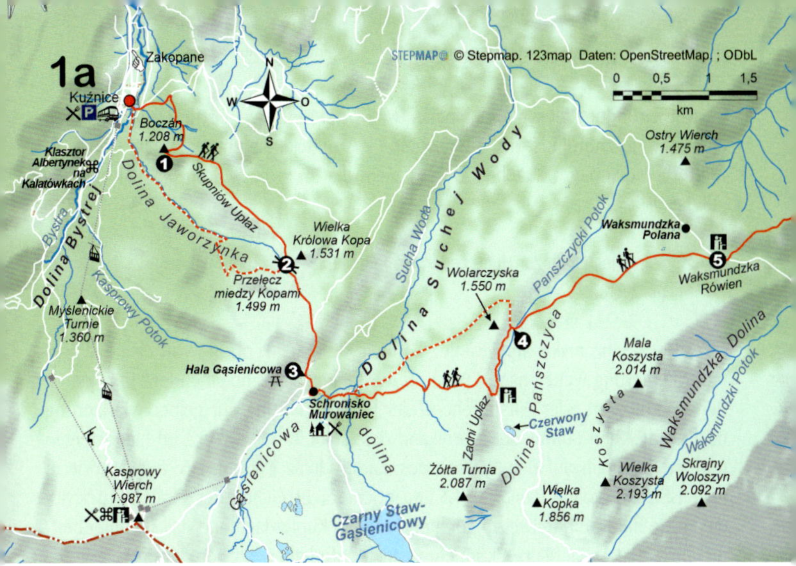

Los geht es in Kuźnice BANK. Informationen zur Anreise mit dem Bus finden Sie in der Tour ☞ „Zum Fünfseental“ auf S. 125 f.

Einige Schritte östlich der Busparkplätze und der Seilbahnstation finden Sie an einer Wegkreuzung Wanderwegweiser. Hier können Sie wählen, ob Sie der blauen oder der gelben Markierung in Richtung Hala Gąsienicowa folgen, dem ersten Teilziel dieser Etappe. Beide Varianten dauern gleich lang. Einige Schritte weiter auf dem Weg nach Osten zweigt der gelbe Weg nach dem Übergang über den Fluss Bystra rechts nach Süden ab und führt durch das Jaworzynka-Tal. Dabei geht es erst über ebene Almfläche und dann ziemlich steil hinauf. Auf dem blauen Weg, der nach etwa 500 m rechts nach Süden abzweigt, gewinnen Sie über den **Boczán** ❶ schneller an Höhe und haben vom Skupniów Upłaz schöne Aussichten zurück auf Zakopane. Beide Wege treffen sich nach ca. 1 Std. 20 Min. auf 1.499 m am Sattel **Przełęcz miedzy Kopami** ❷ unterhalb der Kuppe Wielka Królowa Kopa (1.531 m).

Etwa 1 Std. 35 Min. und 4,5 km ab Start (über den blauen Weg) erreichen Sie die **Hala Gąsienicowa** ❸. Hier stehen ein paar Holzhäuser, die noch von der Vergangenheit der Freifläche als Alm zeugen, die seit dem 18. Jh. betrieben wurde, zuerst von der Familie Gąsienic. Später wurde die Alm unter verschiedenen Eigentümern aufgeteilt.

Mit Gründung des Nationalparks 1954 hat sie ihren Betrieb eingestellt. In einer der Holzhütten ist die Alpinschule PZA Betlejemka untergebracht, die z. B. Kletterkurse anbietet. Nach 200 m erreicht der Weg die Schronisko Murowaniec auf 1.500 m.

Informationen zur Hütte finden Sie in der Tour ☞ „Zum Fünfseental", 1. Etappe, auf S. 132.

An der Schronisko Murowaniec können Sie wählen, ob Sie von hier der grünen Markierung weiter nach Osten auf weitgehend gleichbleibender Höhe durch den Wald folgen oder entsprechend der Etappenführung der gelben Markierung nach in die Rinne unter der Nordwand des Zólta Turnia (2.087 m) hinabsteigen und wieder hoch auf den Rücken des Zadni Uplaz auf 1.628 m wandern, wobei Sie im Dolina Panszczyska und noch vor Erreichen des Grats zurück auf die Hütte mit ihrem teilweise leuchtend grünen Kupferdach und das sie umgebende Gąsienicowa-Tal blicken können. Östlich unterhalb des Zadni Upłaz folgen Sie der schwarzen Markierung nach Norden, bis die beiden Wege am Panszczycki Potok wieder zusammentreffen.

Rusinowa Polana

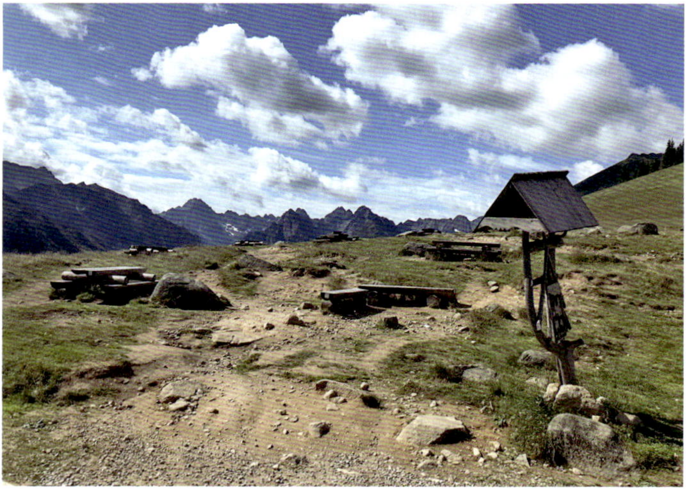

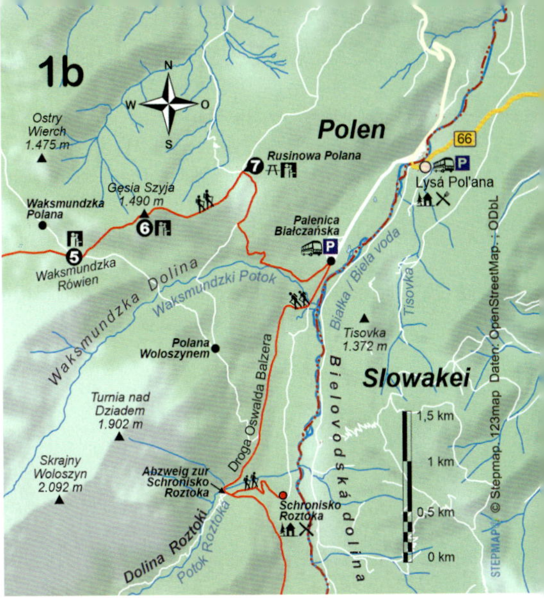

Mit gut 1 Std. und 3,2 km ist die letztere Variante etwas länger, bietet dafür aber eine Abwechslung zum Waldweg, den Sie nun ab dem Wegkreuz beim **Wolarczyska** ❹ (1.550 m) für rund 50 Min. und 2,5 km ohnehin vor sich haben. Auf engem Pfad geht es der grünen Markierung nach auf und ab durch wildes Gehölz bis auf die Alm Waksmundzka Polana und gleich darauf zur 1.405 m hohen Offenfläche **Waksmundzka Rówien** ❺, die mit ihren Wildwiesen bei trockenem Wetter zur Rast einlädt.

Sie bleiben weiter auf dem grün markierten Weg und steigen etwa 900 m leicht bergan auf die **Gęsia Szyja** ❻ (1.490 m, Gänsehals), einen Berg mit Felspfeilern, die an die Sächsische oder Luxemburgische Schweiz erinnern.

Von der Gęsia Szyja können Sie das Bergpanorama des Waksmundzka Dolina im Süden bewundern.

Jetzt geht es bergab zur Alm **Rusinowa Polana** ❼, die Sie ca. 2,2 km und 40 Min. nach der Waksmundzka Rówien erreichen. Während Sie die großen, angelegten Stufen auf 1.210 m Höhe zu den Hütten und Infotafeln der Alm hinabsteigen, liegt im Südwesten die Gipfelwelt der Belaer Tatra und im Süden auch die der Hohen Tatra vor Ihnen.

Sie folgen ab dem Wegkreuz nun der blauen Markierung nach Süden. Diesem Weg können Sie optional bis Palenica Białczańska weiter folgen, dann scharf rechts auf die Asphaltstraße Droga Oswalda Balzera abbiegen und bis zum Abzweig zur Schronisko Roztoka weitergehen, den Sie rund 5 km ab Rusinowa Polana erreichen. Oder Sie biegen ca. 10 Min. nach dem Wegkreuz rechts auf den schwarzen Weg ab. 25 Min. weiter erreichen Sie die Polana Woloszynem (1.250 m), ab der Sie auf dem roten Weg links für rund 30 Min. in Richtung Süden bis zur Droga Oswalda Balzera und dann nach rechts bis zum Abzweig zur Hütte weitergehen. Diese liegt ca. 10 Min. bergab auf dem grünen Weg nach Westen im Tal des Grenzflusses Białka in einer Waldschneise auf 1.031 m.

Informationen zur Übernachtung in der Schronisko Roztoka finden Sie in der Tour ☞ „Zum Fünfseental", 3. Etappe, auf S. 137.

Schronisko Roztoka

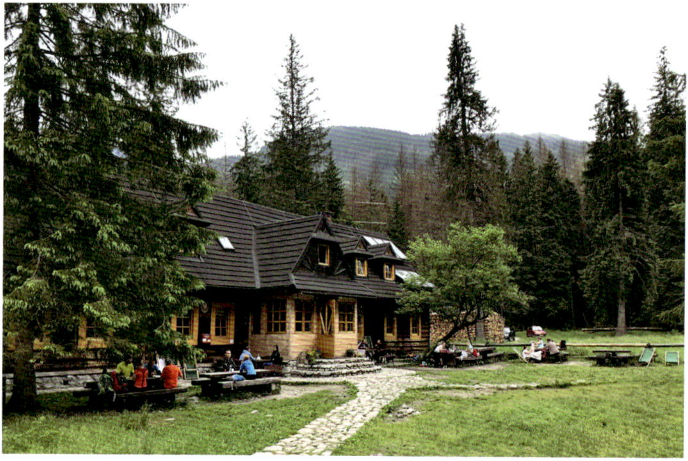

☺ Falls Sie schon heute eine Hütte weiter am Morskie Oko übernachten möchten, um so früh wie möglich zum Rysy zu starten (☞ 2. Etappe dieser Tour), könnten Sie ab Palenica Białczańska auch eine Pferdekutsche nehmen, die ca. Zł 50 kostet. Allerdings müssen Sie warten, bis sich ca. ein Dutzend Mitfahrer gefunden hat. Und ganz bis zum Morskie Oko geht es auch nicht. Die Kutsche stoppt rund 7 km später an der Polana Włosienica. Bis zum Morskie Oko sind es dann noch ca. 1,9 km.

Hier können Sie dann in der Schronisko Morskie Oko übernachten (☞ Tour „Zum Fünfseental", 2. Etappe, S. 134).

2. Etappe: Dolina Roztoki – Chata pod Rysmi

➲ *11,2 km, ⌛ 5 Std. 20 Min., ↑ 1.492 m, ↓ 299 m, ⇧ 1.031-2.499 m*

0,0 km	⇧ 1.031 m	Schronisko Roztoka
3,8 km	⇧ 1.315 m	Polana Włosienica
5,6 km	⇧ 1.395 m	Morskie Oko
7,4 km	⇧ 1.580 m	Czarny Staw pod Rysami
9,4 km	⇧ 2.027 m	Passage unter der Kuppel Bula pod Rysami
10,3 km	⇧ 2.499 m	Rysy
11,2 km	⇧ 2.250 m	Chata pod Rysmi

Dieser Weg zum Grenzgipfel Rysy ist einer der Tatraklassiker schlechthin. Auf der für Autos gesperrten Asphaltstraße sind bei passablem Wetter meist Scharen von Menschen unterwegs – zu Fuß oder mit der Kutsche. Doch ab dem See Morskie Oko, so etwas wie ein Muss für alle Tatrabesucher, lichten sich die Massen. Nur die sportlicheren Wanderer wagen sich an den Gipfelaufstieg über kettengesicherte Felsrinnen, steile Flächen und den ausgesetzten, aber gesicherten Grat zum Schluss. Wartezeiten sollten Sie aufgrund enger Passagen und des Besucheraufkommens dennoch einplanen. Brechen Sie am besten möglichst früh auf.

Gegenverkehr beim Abstieg vom Rysy auf slowakischer Seite

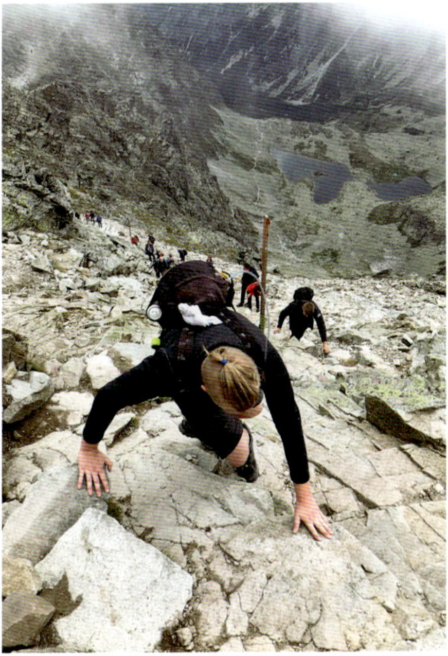

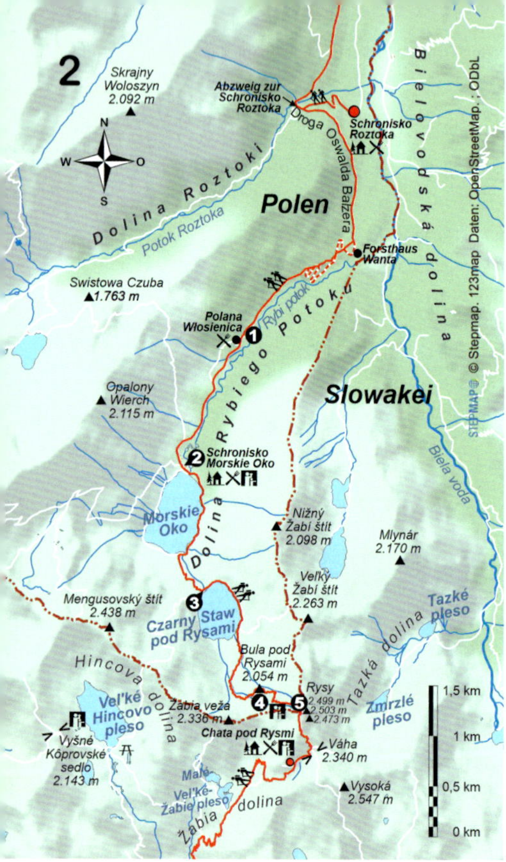

Von der **Schronisko Roztoka** wandern Sie auf demselben Weg, über den Sie gestern gekommen sind, bergan ca. 15 Min. zurück zur Asphaltstraße. Die folgenden rund 4,9 km und 1 Std. 15 Min. verlaufen wegtechnisch unspektakulär zunächst über die Straße nach Süden. So können Sie allerdings, ohne auf den Weg zu achten, einen Blick ins tiefe Tal des Białka werfen.

Das geht nun, kurz nachdem Sie von der Hütte zurück auf der Straße angelangt sind, in das Bielovodská dolina über. Bei guter Sicht können Sie – z. B. vom Forsthaus Wanta nach etwa 1,7 km auf der Straße – bis zum Gipfel des Gerlachovský sehen. Wer den Asphalt leid ist, wandert jetzt auf einem Wanderweg weiter, der die Straße einige Male kreuzt, während es entlang des Rybi potok (Fischbach) in das Dolina Rybiego potoku (Fischbachtal) nach Südwesten geht.

Nach gut 3,1 km auf der Straße und ca. 45 Min. erreichen Sie den einstigen Parkplatz und heutigen Umkehrpunkt für die Pferdekutschen, **Polana Włosienica ❶**.

✕ Nicht nur müde Pferde können hier auftanken: Der Pavillon Włosienica des Tourismusvereins PTTK (Polskie Towarzystwo Turystyczno-Krajoznawcze) erfrischt auch Wanderer. ganzjährig geöffnet

Bis **Morskie Oko ❷** (1.395 m) sind es nun noch etwa 30 Min. bzw. 1,8 km auf der Straße. Der mit 34,54 ha flächenmäßig größte See der Hohen Tatra liegt am Talende des Dolina Rybiego potoku, das von der eindrucksvollen Bergwand des Grenzkamms mit einer Reihe von Gipfeln gekrönt ist. Der bekannteste ist wohl der Rysy, mit 2.499 m der höchste Punkt dieser Etappe.

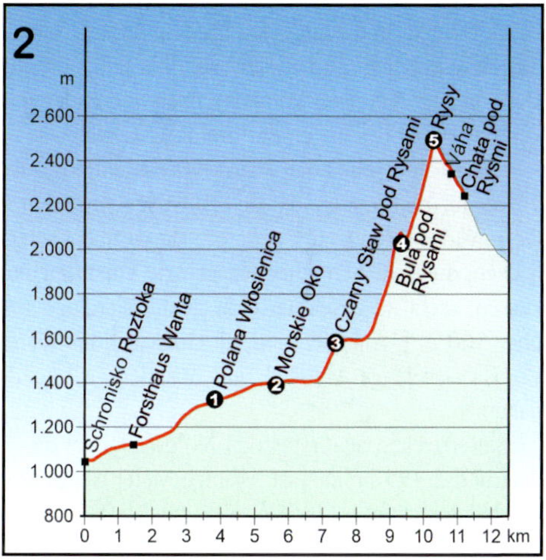

Informationen zur Hütte am Morskie Oko finden Sie in der Tour ☞ „Zum Fünfseental", 2. Etappe, auf S.134.

Ab der Hütte folgen Sie dem rot markierten Weg für ca. 1,2 km weiter in Richtung Osten um den See. Nach etwa 15 Min. zweigt der Weg im Süden des Sees links zum **Czarny Staw pod Rysami** ab, der südwestlich über dem Morskie Oko liegt. Jetzt folgt ein steilerer Anstieg, sodass die knapp 200 m rund 20 Min. dauern. Auf 1.580 m stehen Sie dann am Ufer des Sees ❸, von dem aus Sie den weiteren Wegverlauf erkennen können: östlich um den See herum und dann gegenüber am Hang unterhalb der Bula pod Rysami (2.054 m, „Kuppel unter dem Rysy") hinauf, über den es in Richtung Osten weitergeht.

Ab dem Uferweg kommen Ihnen auch Wanderer entgegen, die schon früh den Rysy erklommen haben und nun absteigen. Je höher, desto enger wird es, und es kommt immer wieder zu Wartezeiten, wenn beide Gehrichtungen in kettengesicherten Rinnen oder Felsvorsprüngen nicht aneinander vorbeikommen. Am besten ist es, besonders bei guter Wettervorhersage so früh wie möglich aufzubrechen.

Gut 1 Std. und rund 2 km ab dem Czarny Staw kommen Sie nach Querung des Kessels Kocioł pod Rysami steil bis unter die **Kuppel Bula pod Rysami ❹**. Dann beginnt mit einer Wendung nach Süden der kettengesicherte Abschnitt bis kurz unterhalb des ersten der drei Rysy-Gipfel.

Der ist zwar nur noch knapp 900 m entfernt, dennoch sollten Sie mehr als 1 Std. für den letzten Teil des Aufstiegs einplanen – zum einen aufgrund des Gegenverkehrs und zum anderen, da es nun immer wieder über steilere Felsflächen, durch Rinnen, über ausgesetzte Vorsprünge und zum Schluss über einen kurzen, recht ausgesetzten Grat geht. Allerdings sind die kniffligen Stellen mit über 360 m Eisenketten und am Grat auch mit Klammern gesichert. Auf die ist Verlass – solange Material und Montierung, die durchaus solide sind, eben halten.

Sie erreichen als Erstes den Nordwestgipfel des **Rysy ❺**, der noch in Polen liegt und 2.499 m hoch ist. Wenige Meter weiter liegt der ebenfalls gut erreichbare Südostgipfel in der Slowakei mit 2.503 m Höhe. Knapp südöstlich davon erhebt sich der dritte Gipfel mit 2.473 m.

Warteschlange vor dem Panorama-Blick-WC der Chata pod Rysmi

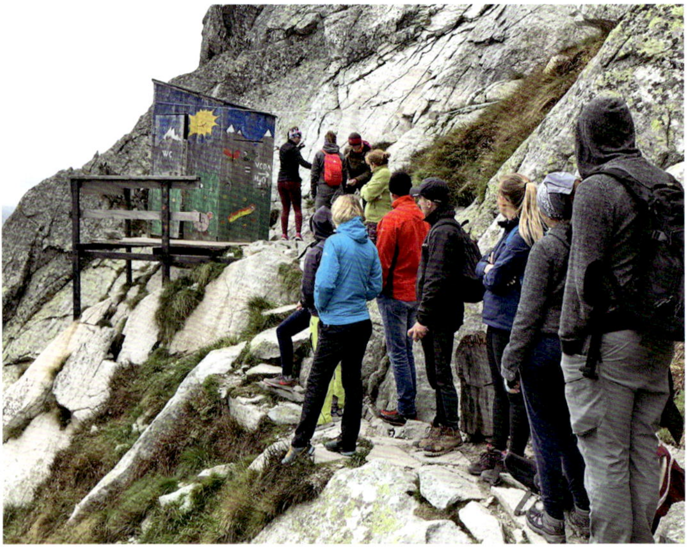

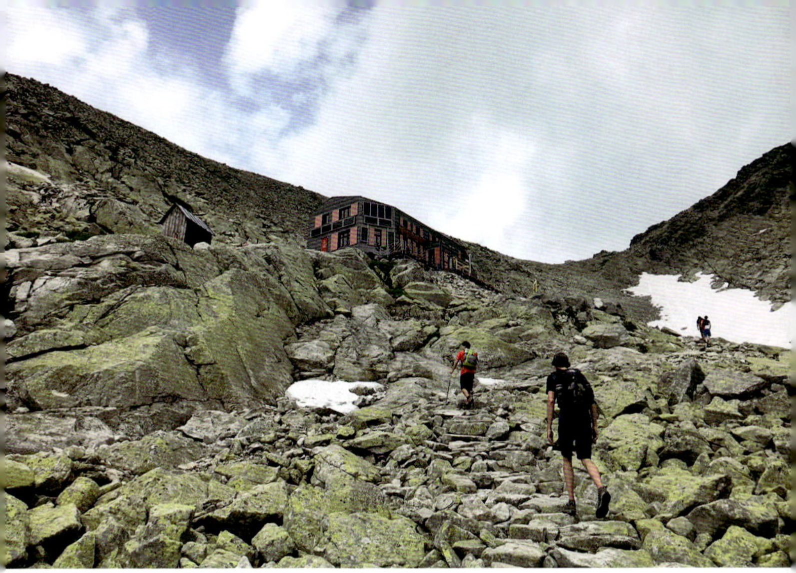

Chata pod Rysmy

Der Abstieg zur Chata pod Rysmi, dem heutigen Etappenziel, verläuft wie in der Tour ☞ „Ost-West-Querung (Teil 2)“, 1. Etappe, auf S. 65 ff. beschrieben, nur in der Gegenrichtung, indem Sie auch hier der roten Markierung zum Sattel Váha folgen und dort dann nach rechts in Richtung Hütte gehen.

Infos zur Übernachtung in der Chata pod Rysmi finden Sie in der Tour ☞ „Ost-West-Querung (Teil 2)“, 1. Etappe, S. 68.

3. Etappe: Chata pod Rysmi – Štrbské pleso

8,6 km, 2 Std. 55 Min., ↑ 72 m, ↓ 941 m, ⇧ 1.347-2.250 m

0,0 km	⇧ 2.250 m	Chata pod Rysmi
1,5 km	⇧ 1.919 m	Vel'ké Žabie pleso
3,3 km	⇧ 1.620 m	Rázcestie nad Žabím potokom
4,6 km	⇧ 1.500 m	Popradské pleso
4,9 km	⇧ 1.502 m	Brücke Hincov potok
7,4 km	⇧ 1.481 m	Trigan
8,6 km	⇧ 1.347 m	Štrbské pleso BANK

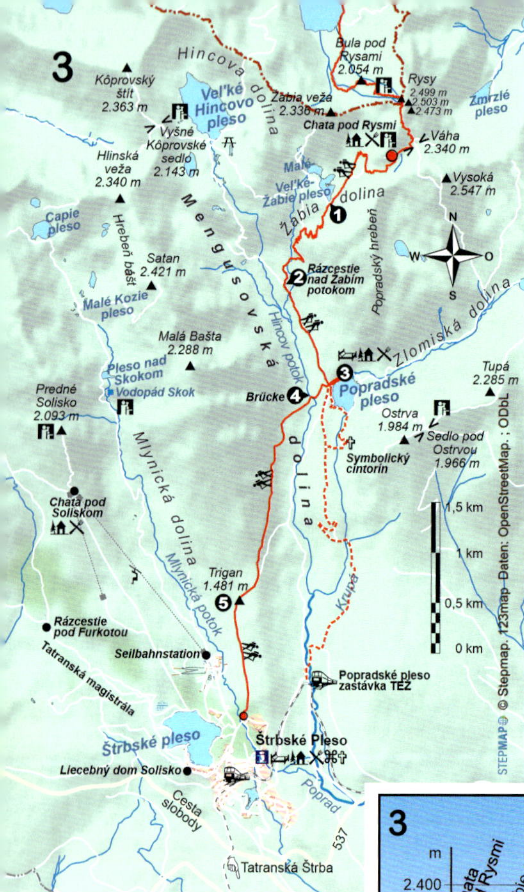

Der Abstieg zum **Strbské pleso** über **Vel'ké Žabie pleso ❶**, das Wegkreuz **Rázcestie nad Žabím potokom ❷**, **Popradské pleso ❸**, die **Brücke über den Hincov Potok ❹** und **Trigan ❺** entspricht der Beschreibung der Tour ☞ „Ost-West-Querung (Teil 2)", 1. Etappe, auf S. 65 ff., nur in Gegenrichtung.

⇘ Abstecher zum Symbolický cintorín ⌘ ab Popradské pleso in der Tour ☞ „Ost-West-Querung (Teil 1)", 4. Etappe, auf S. 62 können Sie bei der kurzen Etappe heute gut einbauen.

Informationen zur Übernachtung in Štrbské Pleso finden Sie auf ☞ S. 63 f.

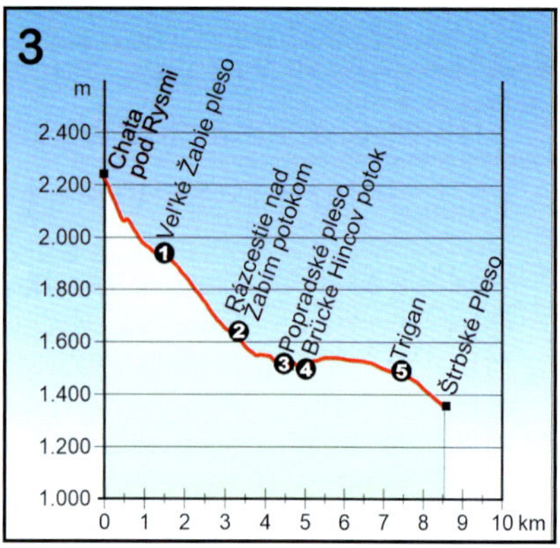

Variante: 2-Tages-Tour

Sportliche können aus der 3-Tages-Tour auch eine 2-Tages-Tour machen, indem sie 2. und 3. Etappe zusammenziehen. Statt nach Štrbské Pleso zu wandern, können Sie über den blau markierten Weg zur Haltestelle Popradské pleso (ausgewiesen als „Popradské pleso zastávka TEŽ") absteigen, eine ca. 20 Min. kürzere Alternative. Die 2. Etappe wäre bei dieser Alternative ohne Abstecher zum Symbolický cintorin insgesamt ca. 19,9 km und 8 Std. 10 Min. lang.

Der Ausblick auf den Morskie Oko vom Aufstieg zum Czarny Staw aus ist auch in der Variante zu bewundern

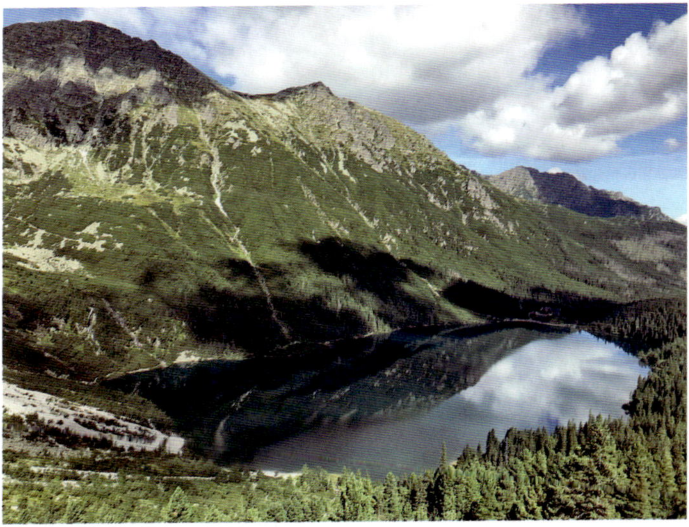

Kleiner Sprachführer

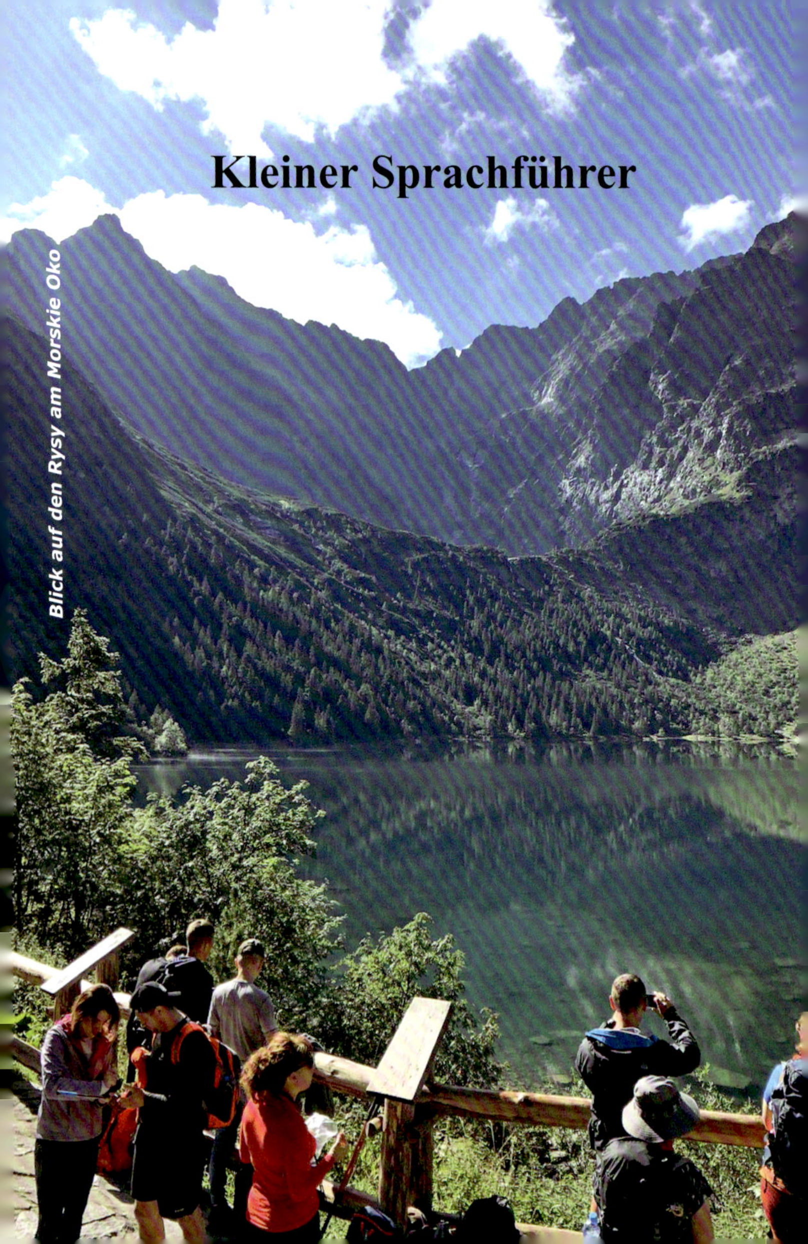

Blick auf den Rysy am Morskie Oko

Begrüßung und Abschied

Deutsch	Slowakisch	Polnisch
Guten Morgen	Dobré ráno	Dzień dobry
Guten Tag	Dobrý deň	Dzień dobry
Guten Abend	Dobrý večer	Dobry wieczór
Gute Nacht	Dobrú noc	Dobranoc
Auf Wiedersehen	Do videnia	Do widzenia
Hallo/Tschüss	Ahoj	Cześć

Andere wichtige Wörter

Danke	Ďakujem	Dziękuję
Bitte	Prosím	Proszę
Entschuldigen Sie	Prepáčte	Przepraszam
ja	áno	tak
nein	nie	nie
gut	dobre	dobry
Hilfe	Pomoc	Pomoc
Vorsicht/Achtung	Pozor	Uwaga
rechts	vpravo	w prawo
links	vl'avo	w lewo
geradeaus	rovno	prosto
Damen	ženy	panie/damska (Toilette)
Herren	muži	panowie/męska (Toilette)

Unterkünfte

(Berg-)Hütte	chata	schronisko
Hotel	hotel	hotel
Pension	penzión	pensjonat
Jugendherberge	turistická ubytovňa	schronisko
Unterkunft	ubytovanie	(młodzieżowe) nocleg

In den Bergen

Weg	cesta	szlak
Gipfel	vrchol	wierzchołek
Spitze	štít	szczyt
Kamm	hrebeň	grań

Deutsch	Slowakisch	Polnisch
Sattel	sedlo	przełęcz
Rinne	žľab	żleb
Rücken	chrbát	grzbiet
See	pleso	staw
Bach	potok	potok
Wasserfall	vodopád	wodospad
Quelle	prameň/studnička	źródło
Alm/Bergwiese	pol'ana	hala/polana
Tal	dolina	dolina
Hochtal/Kessel	kotlina/kotol	kotlina/kotol
Aussicht	vyhliadka	widok
Gewitter	búrka	burza
Schnee	sneh	śnieg
Eis	l'adový	lód

Einkaufen und essen

Restaurant	reštaurácia	restauracja
Lebensmittelladen	potraviny	sklep spożywczy
Brot	chlieb	chleb
Obst	ovocie	owoce
Gemüse	zelenina	warzywa
Fleisch	mäso	mięso
Wurst	klobása	kiełbasa
Käse	syr	ser
Butter	maslo	masło
Wasser	voda	woda
Milch	mlieko	mleko
Tee	čaj	herbata
Kaffee	káva	kawa
Bier	pivo	piwo
Wein	víno	wino
ohne *(Fleisch, Milch, Alkohol …)*	bez	bez
Postkarte	pohľadnica	pocztówka
Briefmarke	známka	znaczek

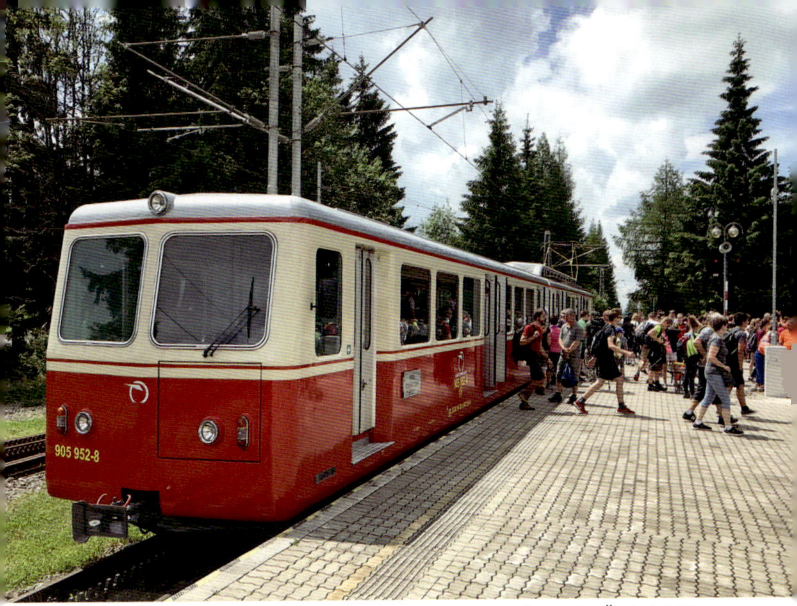

Zahnradbahn in Štrbské Pleso

Deutsch	Slowakisch	Polnisch
Poststation	poštové stanice	stacja pocztowa
Apotheke	lékareň	apteka

Verkehr

Bus	autobus	bus
Zug	vlak	pociąg
Seilbahn	lanovka	kolejka linowa
Haltestelle	zastávka	przystanek
Bahnhof	stanica	stacja kolejowa
Fahrkarte	lístok	bilet
Abfahrt	odchod	odjazd
Ankunft	príchod	przyjazd

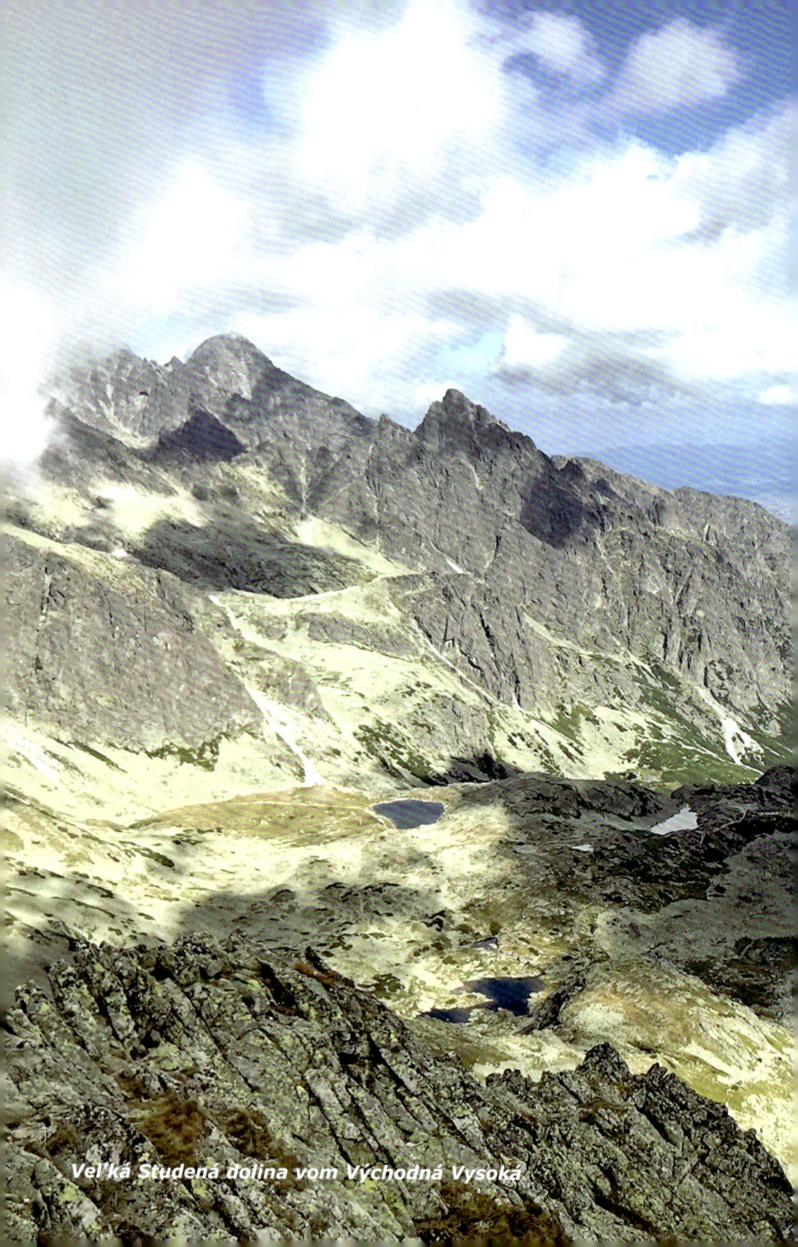

Vel'ká Studená dolina vom Východná Vysoká

Index

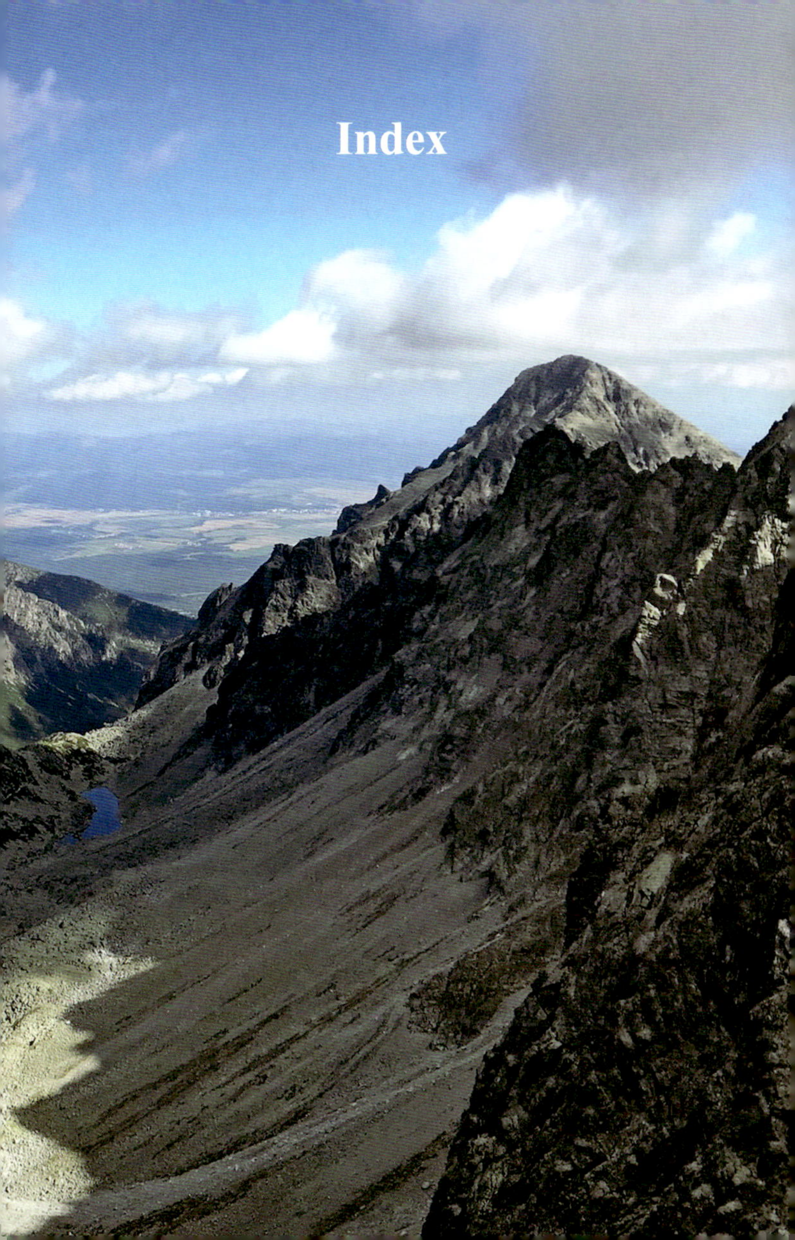

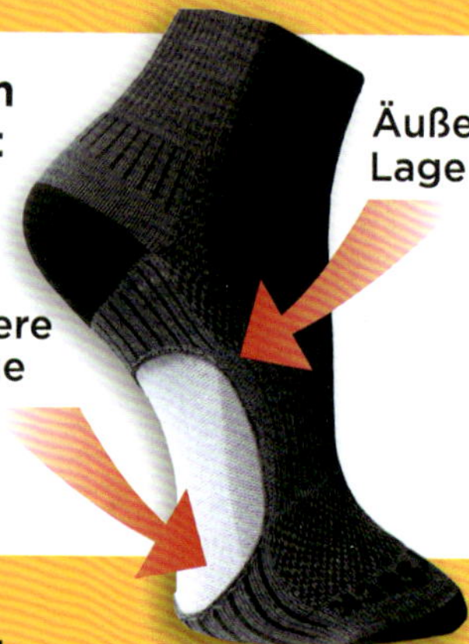
Äußere Lage
Innere Lage